Jörg Thomann

Unsere Helden

Jörg Thomann

Unsere Helden

Von Flipper bis Lady Gaga

Mit Illustrationen
von Ole Könnecke

sanssouci

Inhalt

Vorwort

Was verbindet Lady Gaga mit Flipper? Auf den ersten Blick nichts: Die eine trägt exzentrische Kostüme, der andere ist nackt. Die eine singt, der andere schnattert. Die eine wird schon mal verdächtigt, in Wahrheit ein Mann zu sein, der andere war ein Weibchen, das im Fernsehen ein Männchen spielte. Und doch haben sie etwas gemein: Sie sind berühmt, sie werden von vielen geliebt, von manchen gar vergöttert. Die Fans von Flipper mögen im Durchschnitt etwas jünger sein, auch wenn das gar nicht sicher ist. Und selbst wenn: So groß der Sprung vom Kind zum Teenager ist, eines bleibt gleich – die Fähigkeit zu schwärmen, sich zu begeistern, eine Überdosis Liebe zu verschenken, sogar oder gerade an unerreichbare Phantasiewesen wie Flipper oder Lady Gaga. Die Tränen des kleinen Kindes, das abends das »Sandmännchen« verpasst hat, schmecken nicht anders als diejenigen des Teenie-Mädchens, welches verkraften muss, dass Justin Bieber jetzt eine Freundin hat.

Der Erwachsene hingegen weint nur noch selten. Er hat aber auch das Schwärmen verlernt. Welcher gestandene Mann, welche emanzipierte Frau gibt heute noch zu, ein Idol zu haben? Von Erwachsenen erwartet man, dass sie ihren eigenen Weg gehen, statt Vorbildern zu folgen. Doch wenn auch die Kinderzimmerposter verschwunden sind, ihre Spuren sind geblieben: Man entdeckt sie in den Weiten des Internets, wo sich liebevoll gestaltete Seiten über alte Kinder- und Jugendserien finden, welche keineswegs von Kindern stammen. Und wenn in der Kneipe nach dem zweiten Glas Bier oder Wein das Gespräch auf jene Stars oder Sternchen kommt, die man in der Jugend angehimmelt hat, dann darf man sicher sein, dass der Abend gelaufen ist. Die Nostalgie übernimmt das Ruder, assistiert von ihrer kühleren Schwester, der Ironie. Wie konnte man damals bloß diese Typen gut finden?

Genau darauf will dieses Büchlein eine Antwort finden. Es präsentiert Helden unserer Kinder- und Jugendtage. Strahlende Helden, komische – und, weil das Altern Helden mit größerer Härte trifft, gebrochene. Es zeigt aber auch die Helden derer, die heute jung sind. Damit bietet es die Möglichkeit eines Vergleichs und womöglich gar eines Dialogs zwischen den Generationen: Der Vater erfährt endlich, wer Miley Cyrus ist, die Tochter lernt etwas über die einst von Papa geschätzte Pamela Anderson. Anschließend darf diskutiert werden, wer den besseren Geschmack besitzt. Wer Glück hat, entdeckt gleich mehrere alte Helden; wer Pech hat, wird gerade den seinen vermissen. Denn natürlich ist unsere Auswahl so subjektiv wie die Seitenzahl begrenzt. Wir mussten uns, gerade bei einander ähnlichen Heldentypen, entscheiden. Also der unterhaltsamere Boris Becker statt Steffi Graf, die noch putzigere Hello Kitty statt Prinzessin Lillifee. Pippi statt Pumuckl. Lady Gaga statt Lady Di. David Hasselhoff statt seines schmaleren Doppelgängers Patrick Swayze. Und statt David Beckham Günter Netzer, weil dessen Frisur uns besser gefällt.

Auch alle anderen Jugendidole, die hier nicht auftauchen, und ihre Anhänger bitten wir um Nachsicht: die Girlie-Legende Heike Makatsch, die im »Tatort« reifegeprüfte Nastassja Kinski, das »Titanic«-Opfer Leonardo DiCaprio, die »Breakfast Club«-Ikone Molly Ringwald. Und Nelson Mandela, John Travolta, Alf, Johnny Depp, Bob den Baumeister, die Kelly Family, Steve Jobs, Che Guevara, Tom Cruise, Karl-Theodor zu Guttenberg und, und, und. Unser Vorschlag an alle Leser, deren Helden wir vergessen haben: Kleben Sie ein Bild ihres Lieblings auf die Seite mit einem Helden, den Sie weniger mögen. Und haben Sie dann, wie hoffentlich auch alle anderen, viel Spaß.

Pamela Anderson/David Hasselhoff

Geboren: 1. Juli 1967 (Pam), 17. Juli 1952 (The Hoff)
Populär seit: 1989 (Pam), 1982 (The Hoff)
Bei: Pam: Männern (12–62 Jahre),
The Hoff: Männern und Frauen (10–75 Jahre)
Besonderes Kennzeichen: Minipli (The Hoff), Sie wissen schon (Pam)
Typisches Zitat: Pam: »Ich lehne es ab, mich selbst ernst zu nehmen.«
The Hoff: »Wie geht's? Gut?« (auf Deutsch)

Es geht ja das Gerücht, dass Deutsche keinen Humor hätten. Wohl deshalb hat niemand in den USA es gemerkt, dass unser NBA-Champion Dirk Nowitzki im Jahr 2006 einen Witz machte auf die Frage, mit welcher Methode er sich vor seinen Freiwürfen konzentriere: Er summe, scherzte Nowitzki, den Song »Looking For Freedom« von David Hasselhoff. Humorlos und Hasselhoff-Fan: Damit scheint dem gemeinen Amerikaner das deutsche Wesen passgenau umrissen. Auch Hasselhoff selbst konnte oder wollte den Spaß nicht verstehen, bekannte sich im Gegenzug als großer Nowitzki-Fan und schaute bei einem Spiel herein; prompt verloren die Dallas Mavericks die Finalserie, und Nowitzki musste bis zu seinem ersten Titel fünf weitere Jahre warten. Mit Missverständnissen kennt David Hasselhoff sich aus. Bis heute jedenfalls ist es nicht ganz geklärt, ob er es seinerzeit komplett ernst oder wenigstens ein klein wenig augenzwinkernd meinte, als er behauptete, sein Freedom-Song habe zum Fall der Mauer beigetragen. Wobei: Schlimmer kann es damals in Jericho auch nicht gewesen sein als 1989 mit dem

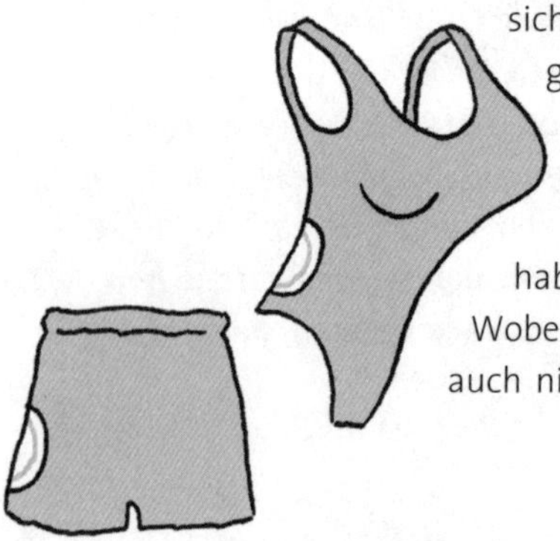

von Jack White geschriebenen Hasselhoff-Stampfer. Die hiesige Hasselhoff-Begeisterung ist eines der großen Mysterien der Neuzeit, allein mit Hilfe der Deutschen aber hätte er es nicht geschafft ins Guinnessbuch als »meistgesehener TV-Star aller Zeiten«. Das lag zum einen an »Knight Rider« (1982–1986), der Serie, in der »The Hoff« versuchte, neben dem eigentlichen Star zu bestehen, einem hochbegabten Auto. Vor allem aber an »Baywatch« (1989–2001), der Sandseifenoper: Angeblich 1,1 Milliarden Menschen haben hier zugeschaut, wie wohlgeformte Damen und Herren in knapper roter Bademode in Zeitlupe über den Strand wetzten. Eine von ihnen war Pamela Anderson, die sehr genau wusste, was man von ihr sehen wollte, nämlich Ernie und Bert – welche in ihrem Fall allerdings nicht aus Stoff waren (➡ Ernie und Bert), sondern aus Silikon. Der von der *Bild*-Zeitung kolportierte Spitzname mag stimmen oder nicht, unbestritten sind die Rekorde, mit denen sich Pam zum Hoff ins Guinnessbuch gesellt: stolze zwölf *Playboy*-Cover sowie das Prädikat, zwischen 1996 und 1999 stets die meistgesuchte Frau im Internet gewesen zu sein. Anders als Kollege Hasselhoff von klein auf mit der Gabe präziser Selbsteinschätzung gesegnet, sah sich Pamela nie als Schauspielerin, sondern ordnete sich korrekt irgendwo zwischen Pin-up und Pop-Art ein. Die Bedeutung Pamela Andersons hat am besten wohl Sacha Baron Cohen erkannt, der den kasachischen Helden seines Kinofilms »Borat« 2006 mit dem erklärten Ziel in die USA schickte, Anderson zu entführen und zu ehelichen: der fleisch- und silikongewordene amerikanische Traum noch für den letzten Hinterwäldler. Seltsamerweise hat Pam diverse Kurzehen mit Männern geschlossen, die Borat geistig nicht unähnlich waren. Mit ihrem ersten Ehemann, dem Metal-Schlagzeuger Tommy Lee, begründete sie den Trend des illegal im Netz aufgetauchten Sex-Videos; nach einer Klage einigte man sich mit dem Vertrieb clever auf eine Gewinnbeteiligung. Auch ein Hasselhoff-Tape landete bei Youtube, weit schockierender noch und schmutziger als das Duett zwischen Pam und Tommy: Hasselhoffs eigene Tochter hatte den sturzbetrunkenen Dad dabei gefilmt, wie er sich auf dem Zimmerboden einen martialischen Kampf mit einem Cheeseburger lieferte. Als – hoffentlich – geheilter Alkoholiker hat »The Hoff« nun ebenso seine soziale Mission gefunden wie die radikale Tierschützerin Pam, und so wie sie hat er den einzigen Rettungsring ergriffen, der sich alternden Kultfiguren anbietet: die Selbstironie. Die vereinzelten Hamburger, die heute bei seinen Auftritten neben ihm auf die Bühne fliegen, nimmt er jedenfalls ganz sportlich – und empfiehlt den Werfern, besser zu zielen.

The Beatles

Geboren: 7. Juli 1940 (Ringo Starr, eigentlich Richard Starkey), 9. Oktober 1940 (John Lennon), 18. Juni 1942 (Paul McCartney), 25. Februar 1943 (George Harrison)
Populär seit: 1962
Bei: Männern und Frauen (10–100 Jahre)
Besonderes Kennzeichen: Pilzköpfe (bis 1966)
Typisches Zitat: »Man muss schon ein Bastard sein, um diesen Erfolg zu haben. Und die Beatles sind die größten Bastarde der Welt.« (John Lennon)

Alleine, sagte John Lennon einmal, wäre keiner der vier Beatles so groß rausgekommen: Paul sei nicht stark genug gewesen und George zu still, er selbst sei bei den Mädchen nicht so gut angekommen und Ringo nur der Schlagzeuger gewesen. Als Beatles aber wurden sie die Allergrößten, und nicht nur das: Jeder einzelne der vier Liverpooler wurde zum Weltstar. Wie aus dem Casting-Lehrbuch fügten sich die Persönlichkeiten zusammen, um die perfekte Band zu bilden. John Lennon war der sarkastische Rebell und intellektuelles Sprachrohr der Band, in Paul McCartney vereinte sich der Sonnyboy mit dem musikalischen Multitalent und dem gewieften PR-Mann. George Harrison, der Jüngste, steuerte eine spirituelle Ebene, aber auch manche Songperle bei, und Ringo Starr sorgte als herzensguter Spaßvogel dafür, dass die Gruppe die Bodenhaftung und den Draht zu den Fans nicht verlor. Wunderbarerweise aber war diese Band überhaupt nicht gecastet worden, sondern war in harten Lehrjahren zusammengewachsen. Fast jedes Detail der Beatles-Geschichte ist penibel erforscht und weithin bekannt: Wie am 6. Juli 1957 der 15-jährige McCartney auf einem Gartenfest dem 16-jährigen Lennon vorgestellt wurde, wie sich Monate später bei einer Busfahrt der 14-jährige Gitarrist Harrison in die Band spielte; Ringo Starr stieß erst im reifen Alter von 22 dazu, als die Beatles 1962 unmittelbar vorm großen Durchbruch ihren Schlagzeuger Pete Best feuerten, den größten Unglücksvogel der Popgeschichte. Mit ihren Pilzfrisuren sowie den Anzügen, in die sie ihr Manager Brian Epstein steckte, besaßen die Beatles eine unverkennbare Corporate Identity, wie man es heute nennen würde, aus der sie sich mit wachsendem Ruhm befreien konnten, um jeder für sich neue Wege zu beschreiten. Das Charisma allein freilich hätte wenig gebracht, wenn nicht auch die Beatles-Musik phantastisch gewesen wäre – faszinierender Ausdruck der engen Partnerschaft, aber auch des Konkurrenzkampfs zwischen Lennon und McCartney, die ihre Titel, anders etwa als ➡ Elvis, selbst schrieben. Während ihre ewigen Rivalen, die Rolling Stones, seit gefühlt hundert Jahren rocken, blieben die vier Beatles gerade einmal acht Jahre zusammen; in diesem Zeitraum aber machten sie alles durch, was eine Band in den Sechzigern erleben konnte (und heute so kaum mehr erleben kann): Massenhysterie und Mythisierung, öffentliche Plattenverbrennungen (nach Lennons Behauptung, die Beatles seien populärer als Jesus), bittere Streitigkeiten und tragische Todesfälle (Brian Epstein), Drogenwahn und religiöse Sinnsuche beim Guru in Indien. Mit der Band war die Geschichte der Beatles selbstverständlich nicht beendet. Ausgerechnet John Lennon, der in jungen Jahren zur Gewalt neigte, nicht nur verbal und auch gegen Frauen, wurde an der Seite Yoko Onos zum obersten Pantoffelhelden des Pop, zur Ikone der Friedensbewegung und am Ende zum treusorgenden Vater. Der ständig Suchende schien endlich glücklich zu sein, bevor er am 8. Dezember 1980 in New York von einem Wirrkopf erschossen wurde. George Harrison avancierte zum respektierten Solomusiker, Weltbürger und Wohltäter; er starb 2001 an Krebs. Paul McCartney, erfolgreichster Songwriter der Popgeschichte, kämpft heute für fleischloses Essen und hält mit Tourneen unermüdlich das eigene Erbe lebendig, während Ringos Lebenszeichen sich in den vergangenen Jahren auf die Worte »Love« und »Peace« beschränken. Den Ruhm der Beatles und ihre Langzeitwirkung zu erreichen, das dürfte keinem Popstar von heute mehr gelingen. Oder wer kann noch damit rechnen, dass nach seinem Ableben einmal der Flughafen seiner Heimatstadt nach ihm benannt wird, wie es John Lennon widerfuhr? Wir würden mal sagen: ➡ Lady Gaga sicherlich nicht.

Boris Becker

Geboren: 22. November 1967
Populär seit: Sommer 1985
Bei: Frauen (25–35 Jahre), Männern (5–75 Jahre)
Besonderes Kennzeichen: Becker-Faust, Becker-Hecht (bis 1997), Kamera vorm Gesicht (heute)
Typisches Zitat: »Ich war mental gut drauf.«

Vielleicht ist es ein Menetekel gewesen, dass Boris Becker unter den großen deutschen Sportheroen die mit Abstand blödesten Spitznamen trug. Franz Beckenbauer war der Kaiser, Helmut Rahn der Boss, Henry Maske der Gentleman. Und Boris Becker? Bobbele. Oder, nicht besser: Bumm-Bumm-Boris. Da ist es nur logisch, dass der Tennisrentner Becker wie ein tapsiges Bobbele durch sein zweites Leben stolpert, dass er mit vollem Risiko, Bumm! Bumm!, immer wieder neue Dinge ausprobiert und gern mal kräftig danebenhaut. Vier Kinder von drei Frauen, eine spektakuläre Scheidung, eine Bewährungsstrafe wegen Steuerhinterziehung, ein paar Talkshows, die schneller abgesetzt wurden, als ihr Gastgeber »äh« sagen konnte: Die Post-Tennis-Karriere des Boris Becker verläuft durchwachsen. Und er, der den Center Court in Wimbledon gern als sein Wohnzimmer bezeichnet, muss damit leben, dass viele mit ihm weniger das Wohnzimmer assoziieren als vielmehr die Besenkammer eines Londoner Restaurants, in welcher er mit einer arg flüchtigen Bekannten eine Tochter zeugte, wie die Welt jahrelang glaubte; dass es tatsächlich, wie er später einräumte, auf der Treppe zwischen zwei Toiletten geschah, machte die Sache nicht besser, sondern endgültig zum Treppenwitz der Tennisgeschichte. All die jüngeren Auf- und Fehltritte überlagern beinahe die phantastische Sportlerlaufbahn Beckers und sogar jenen 7. Juli 1985, an dem er zum jüngsten Wimbledonsieger und zum 17-jährigsten Leimener aller Zeiten avancierte. Dem unermüdlich kämpfenden, rothaarigen jungen Wilden gelang es im Doppel mit der kreuzbraven Steffi Graf, die Bundesrepublik zum Tennisland zu machen, in dem jeder, der nicht wusste, was »Deuce« bedeutet, mit gesellschaftlicher Ächtung rechnen musste – und jeder, der sein Kind nicht im Verein anmeldete, mit dem Jugendamt. Der reifende Becker begriff sich als Weltmann und »Botschafter des neuen Deutschland«, wie er 2001 in einem Gespräch mit dem *Spiegel* sagte, der sein Gesicht aufs Cover hob und nur ein einziges Wort dazusetzte: »Ich«. Denn egal, ob er sich als Unternehmer versucht oder Unterhalter, als Playboy oder Pokerspieler – es bleibt stets ein Zweitjob des hauptberuflichen Boris Becker. Seine Rolle als Idol hat er derart verinnerlicht, dass er sie wie ein Staatsamt ausübt: Also verkündet er dem Volke seine Hochzeit auf der »Wetten, dass ...?«-Couch und versendet auf seiner Internetseite »becker.tv« regelmäßig Videoansprachen an die Nation. Pech nur, dass diese Botschaften des alten Becker meist todlangweilig sind. Es wäre wohl dringend an der Zeit für ihn, mal wieder einen Wimbledon-Sieg zu holen.

Die »Beverly Hills 90210«-Teens

Geboren: 28. August 1969 (Jason Priestley/Brandon Walsh), 11. Oktober 1966 (Luke Perry/Dylan McKay), 12. April 1971 (Shannen Doherty/Brenda Walsh), 3. April 1972 (Jennie Garth/Kelly Taylor)
Populär seit: Juli 1992
Bei: Mädchen und Jungs (13–21 Jahre)
Besonderes Kennzeichen: Koteletten (Brandon und Dylan)
Typisches Zitat: »Brandon, ich könnte zur Frühlingsprinzessin gewählt werden. Ich kann zum Ball nicht in einem Melvin vorfahren – oder wie nennst du dein Auto?« (Kelly Taylor)

Die Zwillinge Brandon und Brenda ziehen mit ihrer Familie in ein neues Haus: eine prachtvolle Villa im spanischen Stil mit strahlend weißen Wänden, roten Dachziegeln und riesigem Garten; sie haben ein Hausmädchen und Brandon ein eigenes Auto. Klar, dass sie damit an ihrer Highschool zunächst echte Außenseiter sind. Nicht, weil man ihnen den Reichtum neidet – sondern weil sie im Vergleich zu allen Mitschülern arme Schweine sind. Das Anwesen etwa, das Brandons neuer Kumpel Steve bewohnt, sei nichts gegen jenes, wo er vor der Scheidung seiner Eltern residierte, versichert Steve. Und präzisiert: Seine Eltern ließen sich gleich mehrfach voneinander scheiden, es gab noch andere Hochzeiten, andere Häuser, andere Kinder. Brandon solle sich aber keine Gedanken machen, weil seine Eltern noch zusammen seien: Es liege gewiss nicht an ihm. Das in etwa war die zentrale Botschaft der Teenager-Seifenoper »Beverly Hills 90210«, die in den Neunzigern Mädchen wie Jungen samstagnachmittags vorm Fernseher vereinte (die einen, wie *Die Welt* feststellte, weil die Geschäfte schon zu waren, die anderen, weil die »Sportschau« noch nicht angefangen hatte): dass auch die Reichen und Schönen ihre Nöte haben. Und was für welche: Kelly, die Schulzicke, etwa lebt mit ihrer alkohol- und kokssüchtigen Mutter, ist von ihrem ersten Freund vergewaltigt worden, verbrennt fast bei einer Party, versinkt selbst im Drogensumpf, erleidet eine Fehlgeburt, wird angeschossen und verliert ihr Gedächtnis, wird noch einmal vergewaltigt und erschießt den Täter. Und da sind die ganzen Liebeswirren, die das Gerüst der Handlung bilden, noch gar nicht erwähnt! Von 1990 bis 2000 lief die Serie (bei uns ab 1992 bei RTL), in der so ziemlich jeder Junge mit so ziemlich jedem Mädchen mal zusammenkam und jedes noch so schlimme Problem dank guter Freunde gelöst wurde – nach dem Motto: Heilst du meine Spielsucht, dann helfe ich dir zwei Wochen später aus deiner Tablettenabhängigkeit. Der gemeine deutsche Teenager konnte da nur staunen: In Beverly Hills waren sogar noch die Pickel schick. Die »90210«-Schönlinge Jason Priestley (Ober-Moralo Brandon) und Luke Perry (Mystery-Man Dylan) machten Dackelblicke und Koteletten populär. Überhaupt gingen sämtliche Schüler der fiktiven »West Beverly«-Highschool locker als Models durch, ausgenommen die Brillenschlange Andrea, die dafür aber viel klüger als die anderen war – kein Wunder, zählte ihre Darstellerin zum Serienstart doch stolze 29 Lenze. Dass auch andere Schauspieler längst der Schulbank entwachsen waren, hat in Amerika kaum jemanden gestört und in unserem Land, das bis heute »Die Feuerzangenbowle« liebt, schon gar nicht. So richtig durchstarten können hat nach dem Aus von »Beverly Hills 90210« keiner der Serienhelden von damals. Mit einer Ausnahme: Hilary Swank, deren Serienfigur bei den Fans

so unbeliebt gewesen war, dass sie nach einer halben Staffel gehen musste, durfte später gleich zweimal den Oscar einsacken – und allen Außenseitern und Mobbing-Opfern ein wenig Genugtuung verschaffen.

Justin Bieber

Geboren: 1. März 1994
Populär seit: 2009
Bei: Mädchen (6–16 Jahre)
Besonderes Kennzeichen: Surferfrisur, auch: Bieber-Mopp (bis Februar 2011)
Typisches Zitat: »Es ist wichtig für mich, jemand zu sein, zu dem die Leute aufschauen können.«

Dank der digitalen Welt können junge Menschen heute früher berühmt werden als zuvor. Nehmen wir die kleine Cody: Sie wurde zu einem Medienstar durch ein von ihrer Mutter gefilmtes Video, das sich mehr als 25 Millionen Leute im Internet angeschaut haben. Zu sehen ist eine bitterlich weinende Cody, die ihre tiefe Liebe zum Sänger Justin Bieber erklärt und nicht verwinden kann, dass er nicht immer bei ihr ist. Codys Alter zum Zeitpunkt der Aufnahme: drei. Beendet war ihre Medienkarriere damit nicht: Das Video, auf dem Cody von ihrem Idol Justin überrascht wird, haben noch mehr Leute gesehen. Cody ist eines der jüngsten Opfer einer Epidemie, die als Bieber-Fieber oder Biebermania gefürchtet ist und sich dank neuer Überträger wie Facebook und Twitter rasanter ausbreitet als die artverwandte, Ende der sechziger Jahre überwundene Beatlemania (➡ Beatles); während Menschen über 18 in der Regel gegen das Virus immun sind, zeigen die Jüngeren Symptome bis zur Massenpanik. Nur kurz nach dem Bieber-Fieber ausgebrochen ist der kaum gesündere Bieber-Hass, der sich ebenfalls bevorzugt digital verbreitet, mit seinem Gegengift aber die Bieber-Fiebernden erst recht zum Kochen bringt. Selten sah ein Erreger netter, reiner, süßer und unschuldiger aus als ebenjener Justin Bieber, der zum Idol wurde, als er gar nicht viel älter war als Cody. Um der Verwandtschaft in Kanada zu zeigen, wie fein ihr Justin musizieren konnte, stellte seine Mutter Videos bei Youtube ein, auf denen der 13-jährige mit glockenheller Stimme selbstgeschriebene Songs sang und dazu Gitarre spielte. Die Filmchen wurden zum Renner, und bald hatte Bieber einen Manager und die R'n'B-Größe Usher als Produzenten. Seine Youtube-Videos wurden inzwischen mehr als eine Milliarde Mal angeklickt, seine Fans nennen sich »Biebettes« oder, was die Vergötterung besser fasst, »Beliebers«. Ihr Idol, »The Biebs« getauft, ackert fleißig weiter auf Facebook und Twitter, wo er ungekannte Massen erreicht und trotzdem jedes Mädchen hoffen lässt, er spreche nur zu ihm. Biebers Botschaft, in Anlehnung an einen deutschen, weitgehend vergessenen Sänger: Bieb, bieb, bieb, Justin hat euch lieb. Längst sind seine Autobiographie und ein 3-D-Film über sein Leben erschienen – ein wenig früh, andererseits ist die Geschichte schon nicht schlecht: Justins Mutter, von ihrem Mann verlassen, als Justin ein Baby war, lebte zeitweise von Sozialhilfe; die erste gemeinsame Urlaubsreise finanzierte ihr Sohn mit dem Geld, das er als Straßenmusiker verdient hatte. Heute hat Justin ausgesorgt und seine Karriere gravierende Einschnitte überstanden: den Stimmbruch, die erste offizielle Freundin (Selena Gomez, die prompt von Biebetten Morddrohungen erhielt) und selbst die Trennung von seinem berühmten Surfer-Mopp – die Versteigerung der Haarsträhnen für einen guten Zweck brachte 40 000 Dollar ein. Dabei hat gerade in Form seiner Frisur der Bieber-Hype auch bei Jungen Spuren hinterlassen, selbst wenn die das ungern zugeben – wie an dieser Frage auf einer Ratgeberseite im Internet ersichtlich: »Wie kann ich meinem Friseur erklären, dass ich einen Haarschnitt wie Justin Bieber möchte, ohne seinen Namen zu erwähnen?«

Die Biene Maja

Geboren: 1912
Populär seit: 1912
Bei: Kindern (4–10 Jahre)
Besonderes Kennzeichen: Honiggelbe Locken
Typisches Zitat: »Jetzt komm schon, Willi!«

Die Biene Maja kennt ja jeder, nahezu vergessen aber ist der Käfer Hans Christoph. Dabei hat er in Waldemar Bonsels' *Die Biene Maja und ihre Abenteuer* einen prägnanten, wenn auch sehr kurzen Auftritt: »Er ist ein lieber kleiner Kerl«, lobt ihn dort die Libellendame Schnuck – bevor sie ihm den Kopf abbeißt. Besonders schnuckelig also ging es nicht zu in Bonsels' 1912 erschienenem Kinderroman, und als das ZDF und der ORF gut sechzig Jahre darauf beschlossen, aus dem Bienenbuch eine Zeichentrickserie zu machen, taten sie gut daran, die Enthauptung des Hans Christoph nicht im Bild zu zeigen: »Die Biene Maja« wäre sonst ein Splatterfilm geworden. Mehr als zwei Millionen Mal hatte sich die deutsche Ausgabe des Buchs verkauft, in rund vierzig Sprachen war es übersetzt worden; es war der größte Erfolg für den seinerzeit ohnehin vielgelesenen Bonsels, der sich in späteren Jahren bei den Nazis anbiedern und als Antisemit entpuppen sollte. Von derlei Tendenzen ist die »Biene Maja«, Gnade ihrer frühen Geburt, noch frei, obgleich heutige Kritiker in der finalen Schlacht der ehrbaren Bienen gegen die finsteren Hornissen eine Feier des Völkischen sehen wollen. Wie zum Ausgleich war die Fernsehproduktion ein wahres Multikulti-Projekt: Die Redakteure saßen in Deutschland, ein amerikanisches Team um den Cartoonisten Marty Murphy entwarf die Figuren, hergestellt wurde die Serie wie zuvor schon »Wickie und die starken Männer« (➡ Wickie) und »Heidi« in Japan, und das Titellied (»In einem unbekannten Land ... «) trällerte mit Karel Gott ein Tscheche. Am 9. September 1976 lief bei uns die erste von 104 Folgen der Serie »Die Biene Maja«, die mit Bonsels' Vorlage wenig gemein hat, abgesehen von ihrer neugierigen, naseweisen, freiheitsliebenden Titelheldin – und der Tatsache, dass die Frauen den Ton angeben, von der Bienenkönigin über die Lehrerin Kassandra bis zur dämonischen Spinnenschurkin Thekla. Die kleine, freche, schlaue Maja selbst schließlich, die sich nichts vorschreiben lässt und stets sagt, was sie denkt, ist ein Musterbeispiel weiblicher Emanzipation. Und als wäre das noch nicht deutlich genug, haben ihr die Fernsehmacher einen Gefährten zur Seite gestellt, der in jeder Hinsicht die Kontrastfigur zu ihr bildet: die Drohne Willi, die nichts im hohlen Kopf hat als Futtern und Faulenzen. Die flotte, fleißige, furchtlose Biene und ihr dämlicher, träger, ängstlicher Kumpel, der nie mithalten kann und von ihr ständig herumkommandiert wird: Dieses Motiv aus dem Fernseh-Insektenreich der Siebziger ist ein beklemmend prophetisches Abbild der menschlichen Gesellschaft von heute, in der die Jungen als neues schwaches Geschlecht auf keinen grünen Zweig kommen, geschweige denn an einen Blütenkelch. Es dürfte ein schwacher Trost für sie sein, dass es ihnen damit immer noch besser ergeht als Willis Artgenossen in der Wirklichkeit: Dort werden die Drohnen, die nicht schon bei der Paarung mit der Königin sterben, im Sommer aus dem Staat verstoßen und müssen verhungern.

Bibi Blocksberg

Geboren: 1980
Populär seit: 1980
Bei: Mädchen (4–10 Jahre)
Besonderes Kennzeichen: Rote Schleife überm blonden Pferdeschwanz
Typisches Zitat: »Eene meene mei, flieg los, Kartoffelbrei. Hex hex!«

Es ist ja alles richtig: Die überwältigende Mehrzahl der Helden von Kinderbüchern, Kinderfilmen, Kinderfernsehserien oder Kinderhörspielen sind Jungen, weshalb es generell zu begrüßen ist, wenn mal ein Mädchen die Hauptrolle spielt – erst recht, wenn es sich um keine pinke Prinzessin handelt, sondern wie bei Bibi Blocksberg um eine Hexe. Muss dann aber zwingend gleich ein solch verheerendes Männerbild gezeichnet werden, wie es die Hörspielreihe seit mehr als dreißig Jahren tut? Es fängt damit an, was ja noch irgendwie verständlich ist, dass allein die Frauen hier hexen können, die dreizehn Jahre alte Bibi etwa und ihre Mutter Barbara, weil beide eben Hexen sind. Die minderbemittelten Männer jedoch, die in solch eine Hexenfamilie eingeheiratet haben wie Bibis Vater Bernhard, werden offen unterdrückt: »Männer haben bei uns nichts zu sagen«, lästert die alte Hexe Warza, und wenn auf dem Blocksberg zünftig gefeiert wird, müssen die Gatten stumm am Katzentisch sitzen. Eine unglückliche Figur macht aber nicht nur Bernhard, dem der ganze Hokuspokus um ihn

herum immer wieder zu viel wird (besonders dann, wenn er in einen Papagei verwandelt wird); fast alle Männer in Bibis fiktivem Heimatort Neustadt scheinen entweder Volltrottel oder Schurken zu sein. Oder beides, wie der feiste Bürgermeister Bruno Preßack, der nur danach trachtet, seine Arbeit zu mini- und sein Vermögen zu maximieren, wobei ihm Bibi auf ihrem Besen namens Kartoffelbrei und die mit dem Moped rasende Reporterin Karla Kolumna, noch so ein Superweib, stets in die Quere kommen. Ausgedacht hat sich die Reihe natürlich eine Frau, die gebürtige Engländerin Elfie Donnelly, die mal mit der »Löwenzahn«-Legende ➡ Peter Lustig verheiratet war und uns vor Bibi schon den (männlichen) Hörspielelefanten Benjamin Blümchen bescherte, an dem die Kinder einen ähnlichen Narren gefressen haben. Der Politikwissenschaftler Gerd Strohmeier, natürlich ein Mann, hat beiden Hörspielreihen vorgeworfen, sie seien der »Entwicklung zum mündigen Bürger nicht förderlich« – nicht wegen ihrer Männerdiskriminierung, sondern weil sie durch die Darstellung des korrupten Bürgermeisters die Politikverdrossenheit förderten und eine »linksalternative Tendenz« aufwiesen: »Die Hörspielhelden sind pazifistisch, egalitär, bisweilen anarchisch und antikapitalistisch eingestellt.« Wahre Gutmenschen mithin, oder besser Guthexen und Guttiere. Während permanent die Umwelt gerettet würde, so Strohmeiers Klage, werde die »Wirtschaft grundsätzlich negativ dargestellt«. Schon ein waches Kerlchen, unser Politikwissenschaftler, allein von Marktwirtschaft versteht er nichts: Eine Hexe nämlich, die vornehmlich die heimische Wirtschaft ankurbelt und den Kapitalismus rettet, hätte sich wohl kaum zur Heldin einer Kinderhörspielreihe emporschwingen können, die auf mehr als hundert Folgen und über 45 Millionen verkaufte Exemplare kommt und sich in unzähligen Büchern, einer Zeichentrickserie und je zwei Kinofilmen und Musicals fortsetzt (sowie, der Gipfel des Geschäftskalküls, im Reiterhof-Spin-Off »Bibi und Tina«, in dem das Hexlein sich um süße Pferdchen kümmert). Viel mehr als mit Politik jedenfalls muss sich Bibi Blocksberg mit den Alltagsproblemen ganz normaler 13-jähriger auseinandersetzen, die sie, was sich wohl jedes Mädchen wünschte, mit ihren phantastischen Fähigkeiten löst; da nehmen die jungen Hörerinnen auch die biederen Storys und stereotypen Figuren in Kauf. Angeblich sollen auch manche Jungen »Bibi Blocksberg« hören, was uns durchaus beunruhigt, und zwar wegen Boris. Boris war Bibis acht Jahre alter, oft eifersüchtiger Bruder, der nach der siebten Folge plötzlich verschwand; in Folge neun hieß es dann, er sei wegen seines Hustens zu den Großeltern an die Nordsee gezogen, um die frische Seeluft zu genießen. Von dort ist er nie zurückgekehrt – und weder von Bibi noch von seinen Eltern je vermisst worden. Wir fänden es nur natürlich, wenn Boris' Schicksal ein Trauma bei den kleinen Hörern hinterlassen hat – und sie sich seitdem mit Händen und Füßen dagegen wehren, Oma und Opa zu besuchen.

Dieter Bohlen

Geboren: 7. Februar 1954
Populär seit: 1984
Bei: Kerlen (12–62 Jahre)
Besonderes Kennzeichen: Eunuchenstimme im Refrain
Typisches Zitat: »Also, die Stimme klingt wie 'ne alte Oma, du. Aber beim Kacken, ehrlich!«

Einmal im Jahr werden in Deutschland 1500 junge Menschen zwischen sechs und 19 nach ihren beliebtesten Stars befragt. Auf Platz eins landet bei der »Trend Tracking Kids«-Studie 2011 der 17 Jahre alte ➡ Justin Bieber. Auf Platz zwei, gewählt vor allem von den Jungen, kommt ein Mann, der stramm auf die sechzig zugeht – und wer sich darob nun begeistert, weil der Nachwuchs die Lebensklugheit älterer Generationen schätzt, dem sei gesagt: Der Mann ist Dieter Bohlen. Der Bieber und das Biest: Einer Jugend, die beide schätzt, darf man leichte Schizophrenie unterstellen. Während der Justin nie über jemanden was Böses sagen würde, hat der Dieter gerade darauf seine zweite Karriere gebaut. An seine erste können sich viele, die ihn heute vergöttern, zu seinem Glück kaum erinnern: Er war der föhngewellte, auf der Bühne herumhampelnde Gitarrensimulant bei Modern Talking, der immerzu »diese schrecklichen pastellfarbenen Trainingsanzüge« trug, wie sich Bandkollege Thomas Anders erinnert – der seinerzeit freilich nicht besser aussah. Mit »Kommerz, bis der Kuhstall wackelt« umreißt der Komponist Bohlen sein Fachgebiet. Er beherrscht aber auch eine Kunst – nämlich die, ein und denselben Hit unter verschiedenen Titeln (»You're my Heart, you're my Soul«, »Cheri Cheri Lady«, »Brother Louie«) zu verkaufen. Die Band existierte von 1983 bis 1987 (Trennung im Streit) und noch einmal von 1998 bis 2003 (Trennung in noch heftigerem Streit); turnusmäßig wäre das nächste Comeback also 2013 zu erwarten, was einigermaßen beunruhigend ist. Noch bedenklicher aber ist der Grund, warum Bohlen für viele männliche Pubertierende der Größte ist: weil er andere so toll kleinmachen kann. Als Chefjuror bei »Deutschland sucht den Superstar« ist er Schulhof-Rowdy und Aufsichtskraft in einer Person und tritt bei Leuten, die ohnehin unübersehbar am Boden liegen, kräftig nach. Von seinen Fans wird er johlend gefeiert: als einer, der nicht um den heißen Brei herumredet, sondern ihn anderen mitten ins Gesicht kippt. Bohlens Markenzeichen ist »der in seiner Familie kultivierte Baustellen-Slang«, wie es ein früherer Mitschüler ausdrückt. Dabei könnte der Oldenburger, der im Alter von 17 sein Abitur mit der Note 1,3 bestand und in jungen Jahren kurz DKP-Mitglied war, gewiss auch anders. Er weiß jedoch als studierter Betriebswirt, wie man sich am besten verkauft – wenn die besten Kunden RTL und die *Bild*-Zeitung sind. Wir wissen um seine Penisfraktur ebenso wie um seine stets deutlich jüngeren Liebschaften, die Bohlen als Sprungbrett für eine eigene Karriere nutzten – wenn man Spinatwerbung oder Erotikshow-Moderationen als Karriere verstehen will. Zum Superstar ist kein einziger der »Superstars« geworden. Bei den Kandidaten der jüngsten Staffeln, die häufig aus schwierigeren Verhältnissen kamen, fragte man sich eher, auf wen nach dem Abspann der Haftrichter wartet und auf wen ein Album mit Bohlen. Schwer zu sagen, was schlimmer ist.

Captain Future

Geboren: 1990 (laut Roman)
Populär seit: September 1980
Bei: Jungs (6–15 Jahre)
Besonderes Kennzeichen: Rote Haare und Koteletten
Typisches Zitat: »Nein, Joan, das ist zu gefährlich für Sie.«

Am 27. September 1980 lernten die jungen Zuschauer der nachmittäglichen ZDF-Trickserien einen neuen Helden kennen. Es war, nach unter anderem einem Wikingerjungen (➡ Wickie), einem Alpenmädchen (Heidi), einem Bienenmädchen (➡ Biene Maja) und einem Holzbuben (Pinocchio), erstmals ein Erwachsener. Auch »Captain Future« war im japanischen Anime-Stil gestaltet, ersichtlich etwa an den großen Heidi-Augen der Frauenfiguren, und auch in dieser Serie bewegten sich die Protagonisten recht eckig, wenn überhaupt: Immer wieder kamen Szenen als Standbild daher, in denen sich bloß Münder öffneten und schlossen. Und doch flog »Captain Future« in einer ganz anderen Liga. Nicht nur war der Weltraum ein weit spannenderer Schauplatz als Majas Blumenwiese, es wurde hier auch verbissen gekämpft, geschossen und sogar getötet, was für das junge Publikum selbst dann arg aufregend war, wenn es nur mutierte Monsteraffen traf. Im Produktionsland Japan waren die zweiundfünfzig Folgen der Serie dann auch erst im Abendprogramm gelaufen; in Deutschland wurden daraus vierzig Folgen, teilweise drastisch umgeschnitten und entschärft. Eigentlich war der Captain weit älter und kam aus Amerika. Dort hatte der Autor Edmond Hamilton ihn als Helden einer Heftchenreihe erfunden, die zwischen

1940 und 1944 erschien. Future, mit bürgerlichem Namen Curtis Newton, war ein Raumfahrer und Wissenschaftler, der auf dem Mond geboren wurde und als Waisenjunge aufwuchs, nachdem seine Eltern, ebenfalls Forscher, ermordet worden waren. Als Captain Future kämpfte Curtis fortan für das Gute. In der Trickserie kam der Captain, rothaarig und Kotelettenträger, im rüstungsartigen Raumanzug als weißer Ritter des Weltraums daher, dessen kräftige dunkle Brauen über seinen blauen Augen ihm einen grimmig-entschlossenen Ausdruck verliehen. Um sich geschart hatte er eine selbst fürs Weltall ausgesprochen bunt daherkommende Männertruppe. Professor Simon Wright flog als lebendes Gehirn in einem Glaskasten umher. Grag war ein gigantischer Roboter mit Riesenkräften, der nichts am stählernen Leib trug als eine Fransenweste. Die größte modische Extravaganz bewies der Androide Otto, der einen roten, schulterfreien Gymnastikanzug mit einer Kapitänsmütze kombinierte und die Fähigkeit besaß, seinen Kunststoffkörper in beliebiger Form zu verändern (so etwas kannten die Kinder schon aus der Serie »Barbapapa«). Damit nicht genug, trugen Grag und Otto meist zwei Schoßtierchen auf der Schulter: Roboter Grag den metallfressenden (!) Mondhund Yiek, Otto eine Kreatur namens Oak, die aussah wie eine Mischung aus Seehund und Schildkröte, tatsächlich aber ein Meteor-Chamäleon war. Obwohl beste Kumpels, siezte sich die Crew des Raumschiffs Comet hartnäckig (➡ Günter Netzer), auch wenn sich Otto und Grag gern als »Gummipuppe« und »Blecheimer« beschimpften. Die deutsche Produktion hatte sich bei beiden einen Besetzungsgag geleistet, indem sie die Figuren von Wolfgang Völz

und Friedrich G. Beckhaus sprechen ließ, die schon mit der »Raumpatrouille Orion« gemeinsam durchs All geflogen waren. Captain Future wiederum, doch das merkten wir erst später, sprach mit der Stimme von Bobby Ewing aus »Dallas«. Die futuristische Dauerbeschallung der deutschen Fassung lieferte Christian Bruhn, der Schlager komponiert hatte wie Drafi Deutschers »Marmor, Stein und Eisen bricht« oder »Wunder gibt es immer wieder« für Katja Ebstein; die Frauenstimme, die im Vorspann von »Captain Future« zu hören ist, gehörte Bruhns damaliger Frau Erika, die als Teil des Duos Gitti & Erika den »Heidi«-Song geträllert hatte. Eine Frau gab es auch an Bord der Comet: die Agentin Joan Landor, die heimlich in den Captain verliebt war – und von diesem mit dem Argument, dass das jetzt viel zu gefährlich sei, permanent daran gehindert wurde, bei den Abenteuern mitzumachen. Was die Emanzipation anging, war Captain Future nämlich ein Mann der ganz tiefen Vergangenheit. In einer Episode überwältigte er seine Gegenspielerin Nurara mit einem Handkantenschlag und krönte seinen Triumph im Geschlechterkampf mit dem Satz: »Sie sind und bleiben eben eine Frau.«

Kurt Cobain

Geboren: 20. Februar 1967
Populär seit: September 1991
Bei: Männern und Frauen (14–35 Jahre)
Besonderes Kennzeichen: Langes blondes, ungekämmtes Haar
Typisches Zitat: »Ich hoffe, ich sterbe, bevor ich Pete Townshend werde.«

Die Hymne aller unverstandenen Jugendlichen der frühen Neunziger zeichnet sich dadurch aus, dass eigentlich keiner ihren Text versteht. Was genau dieser Kerl da brüllte, war im Gitarrenkrach kaum auszumachen, und selbst wenn man das eine oder andere Wort heraus hörte, half das auch nicht weiter: Albino, Moskito, Libido? Gestört hat das aber keinen, weil man zu dem Song so herrlich headbangen konnte: Na-na-naaa-naa! Und die Haltung, die dahinterstand, kam auch so rüber: Wer sich hier zu welchem Wort auch immer meldete, der war dagegen. Das muss man heute, wo alles nach Glück, Erfolg und Reichtum strebt, durchaus in Erinnerung rufen: dass es immer wieder Zeiten gibt, in denen es cool ist, ein Verlierer zu sein. 1991 war so ein Jahr: Da gab es eine Jugend, die man Generation X nannte, weil sie angeblich allen Marken und Slogans abgeschworen hatte, es gab den Ehrentitel »Slacker« – einzudeutschen vielleicht als Schlaffi –, und es gab eine Musikrichtung namens Grunge: Dreck. Die Stimme dieser Jugend und ihrer Musik und damit so etwas wie der erfolgreichste aller Verlierer war Kurt Cobain. Er hatte den Song mit den rätselhaften Lyrics geschrieben, dessen Titel schon das reinste Missverständnis war: »Smells Like Teen Spirit«. Dass er, Kurt, nach Teen Spirit rieche, das hatte eine Bekannte nach einer durchzechten Nacht an seine Zimmerwand gesprüht, was für ihn wohl nach dem Geruch von Freiheit und Abenteuer klang. Erst später erfuhr Cobain, dass er seinen größten Hit unwissentlich nach jenem Mädchendeodorant benannt hatte, welches er sich damals von seiner Freundin geliehen hatte. Kurt Cobain stammte aus Aberdeen im amerikanischen Bundesstaat Washington, einem Ort, dessen Einwohnerschaft für ihn aus »ausgesprochen bigotten Rednecks, Rehe abknallenden, Homos killenden Holzfällertypen« bestand: Klar, dass sich einer wie Cobain, mehr an Kunst interessiert als an Sport, rebellisch, klug und sensibel, hier fehl am Platze fühlte. Seine Band wollte der seit früher Jugend von Magenschmerzen Geplagte ursprünglich »Gut Bomb« taufen – Darmbombe –, entschied sich jedoch fürs geschmackvollere Nirvana. Als deren Frontmann im Flanellhemd avancierte Cobain wider Willen zum König Midas des Rock-Zirkus, dem alles, was er anfasste, zum verhassten Gold wurde: der Wut- und Schmerzensschrei »Smells Like Teen Spirit«, der länger bei MTV rotierte als jeder andere Song, das Album »Nevermind«, das sich bis heute 30 Millionen Mal verkauft hat, und letztlich sogar die Schrotflinte, mit der sich der an Depressionen leidende, drogensüchtige Cobain am 5. April 1994 in den Kopf schoss. Sein früher, gewaltsamer Tod machte den Antistar endgültig zur Ikone und zur größten Marke der markenlosen Generation X – sowie zum ewigen Mitglied des von seiner eigenen Mutter als »dumm« geschmähten »Club 27«, in dem Jimi Hendrix, Janis Joplin, Brian Jones, Jim Morrison und neuerdings auch Amy Winehouse miteinander jammen. Zwölf Jahre nach seinem Suizid fuhr Cobain einen weiteren Sieg, also eine Niederlage ein. Nachdem seine Witwe Courtney Love, für viele eine Wiedergeburt der freilich selbst höchst lebendigen Yoko Ono, einen Teil seiner

Songrechte verhökert hatte, war er im Jahr 2006 der Top-Verdiener aller toten Musiker, noch vor ➡ Elvis und Lennon (➡ The Beatles). Da hätte Kurt sich gewiss im Grabe umgedreht, wenn er denn eines besäße; stattdessen trug Courtney seine Asche in einer rosa Plüschtasche mit sich herum, bis diese ihr eines Tages angeblich gestohlen wurde. Cobains Mythos wird das nicht schaden, der hat schon ganz anderes überstanden – zum Beispiel die Enthüllung, dass der wütende Rockrebell im Tourbus gerne Abba hörte.

Jerry Cotton

Geboren: 1953
Populär seit: März 1954
Bei: Männern (14–64 Jahre)
Besonderes Kennzeichen: unbekannt
Typisches Zitat: »Der Bursche krümmte sich nach vorn, seine Augen weiteten sich, ein Gurgeln brach aus seiner Kehle, dann stürzte er kopfüber die Treppe hinunter.«

Die Welt ist nicht gerecht zu unseren Krimihelden. Nehmen wir den legendären Stephan Derrick: In 24 Dienstjahren hat er 281 Fälle gelöst und ist immer nur Oberinspektor geblieben. Erst ganz am Ende seiner Fernsehkarriere wurde er doch noch befördert und ging zu Europol, aber damit war die Serie dann zu Ende. Vielleicht deshalb musste Jerry Cotton ein einfacher FBI-Agent bleiben, obwohl seine Bilanz bald 2900 geklärte Verbrechen umfasst. Nach fast sechzig Dienstjahren dürfte er auch keine Illusionen mehr hegen, irgendwann noch aufzusteigen. Zum Trost darf er sich vom Bastei-Verlag als Held der erfolgreichsten Krimireihe der Welt bezeichnen lassen, von der sich 850 Millionen Romane verkauft haben – was nur deshalb möglich war, weil es sich um Hefte handelte. Um Groschenhefte, wie man bis heute sagt, auch wenn der erste »Jerry Cotton« schon 50 Pfennig kostete und die neuesten 1,60 Euro. Mit Raumfahrer Perry Rhodan und Geisterjäger John Sinclair bildet Jerry Cotton das Triumvirat der Trivialliteratur. Cotton lebt und arbeitet in New York, wohin der junge Mann aus Connecticut mit 21 Jahren von seinem Vater geschickt worden war, um dort sein Glück zu machen; so ist es nachzulesen im allerersten Fall »Ich suchte den Gangster-

Chef« vom März 1954. Cottons wahre Geburtsstätte aber ist die Stadt, wo die Verlagsgruppe Lübbe sitzt, zu der Bastei gehört, nämlich Bergisch Gladbach – wo übrigens auch die Wiege Heidi Klums stand, noch so eine deutsch-amerikanische Grenzgängerin. Cottons Schöpfer hieß entsprechend nicht Mickey Spillane oder Dashiell Hammett, sondern Delfried Kaufmann: Ein junger Waschmittelvertreter hatte den FBI-Mann mit ewig weißer Weste erfunden. Und sich einen Spaß daraus gemacht, den Kerl »Jeremias Baumwolle« zu taufen. Was insofern passte, als Baumwolle selbst bei starker Nutzung äußerst langlebig ist. Mitgesponnen haben bis heute um die 150 Autoren, die traditionell anonym bleiben – was manchem angesichts der Fließbandarbeit, jede Woche kommt ein neues Heft heraus, ganz recht sein dürfte. Der Star ist nicht die Mannschaft, sondern Jerry Cotton, auch wenn man über den Ich-Erzähler seiner Abenteuer im Grunde gar nicht viel weiß. Er »hat die Kräfte eines Löwen, das Herz eines Kindes und den Verstand eines vernünftigen Mannes«, teilt Bastei mit – und das ist sicher schon mal besser als die Kräfte eines Kindes, das Herz eines vernünftigen Mannes und den Verstand eines Löwen. Cottons Aussehen wurde nie beschrieben; allein das Gesicht George Naders hat man vor Augen, der den Agenten in acht Filmen spielte. Eingeprägt haben sich uns jungen Lesern dafür Cottons Accessoires, der rote Jaguar oder die Smith & Wesson. Wir lernten, dass Frauen »Girls« hießen, und wussten früher mit dem G-Man etwas anzufangen als mit dem G-Punkt: G-Man, das war der Government Man Jerry Cotton.

Mit seinem treuen Partner Phil Decker (auch nie befördert worden) löste er Fälle, deren Titel mal die Fauna bemühten (»Wir fassten in ein Wespennest«, »Die Killerkatze«), mal den Stabreim feierten (»Schiffe, Schätze, scharfe Schüsse«) und mal die Metapher (»Der Teufel locht das Höllenticket«); die manchmal zynisch waren (»Für jedes Grinsen eine Kugel«), auch mal politisch (»Das Attentat auf Gorbatschow«), bestechend logisch (»Tote Zeugen schweigen besser«) oder schlicht phantastisch (»Das Racheweib aus Washington«). Die Befürchtung, die Lektüre der Groschenhefte verderbe die Jugend, zerstreut der Cotton-Fan Harald Schmidt: »Auf dem Schulhof teilten wir uns in Jerry-Cotton-Leser und Perry-Rhodan-Fans. Aus den Cotton-Leuten ist was geworden, die Rhodan-Jünger haben Maschinenbau und Elektrotechnik studiert.«

Lara Croft

Geboren: 14. Februar 1967 oder 1968
Populär seit: 1996
Bei: Männern (13–35 Jahre), Frauen (35–59 Jahre), geschlechtlich Unentschlossenen (13–59 Jahre)
Besonderes Kennzeichen: BH-Größe Doppel-D (bis 2005)
Typisches Zitat: »Dies ist ein Grab, Sie werden sich hier wohlfühlen.«

Also: Sie ist eine Countess of Abbington, anderen Quellen zufolge die Duchess von Saint Bridget. Ihr Vater war Lord Henshingly Croft, vielleicht aber auch Richard James Croft, und nicht einmal über ihr Geburtsjahr ist man sich einig. Auf jeden Fall hat sie einen Flugzeugabsturz überm Himalaya überlebt, da war sie 21, sofern man nicht jener neueren Version glaubt, nach der sie erst neun war und bei dem Unglück ihre Mutter verlor. Wir sehen: Es ist kompliziert mit dieser Dame. Sie selbst fragen kann man nicht, weil es sie – auch wenn ihre glühendsten Anhänger dies vehement bestreiten würden – in Wirklichkeit gar nicht gibt. Sondern nur in der virtuellen Welt von »Tomb Raider«, in der Lara Croft seit 1996 als weiblicher Indiana Jones gegen Skelette und Skorpione, Dämonen und Dinosaurier kämpft; eine adlige Archäologin, die sich nicht nur in antiken Gräbern bestens auskennt, sondern auch im Freeclimbing, Reiten, Kanufahren, Kampfsport, Schießen und etlichem mehr. Noch unübersichtlicher als Crofts Biographie ist die Front im Gender-Diskurs, der sich an ihr entzündet hat. Vor Lara Croft waren Videospiele eine weitgehend erotikfreie Zone – es sei denn, man hatte ein Faible für kleinwüchsige, korpulente Klempner mit Schnauzbart (Super-Mario) oder körperlose, nur dem Namen nach maskuline Kugelwesen (Pacman). Dann erschien Lara auf dem Schirm und ließ all die Nerds davor mit einem Schlag spätpubertieren: Lange Haare, zum Zopf oder Pferdeschwanz gebunden, Tanktop, Stiefel und Hotpants mochten keine ideale Ausrüstung für Dschungelkämpfe sein, ihren Gegnern aber war Lara damit jedenfalls visuell schon mal haushoch überlegen. Ihren Verächtern gilt sie als Konsolen-Barbie und Männerphantasie, wovon zumindest Letzteres stimmt: Ausgedacht hat sie sich ein Mann, der Spielentwickler Toby Gard. Er hat Lara Croft auch ihre hervorstechendsten Attribute beschert, als er, wie er in einem Interview erklärte, mit der Maus verrutschte und ihre Oberweite versehentlich um 150 Prozent aufblies. Seine Kollegen fanden das ganz prima so, und die Spieler offensichtlich auch: Mehr als sieben Millionen Mal verkaufte sich »Tomb Raider« und zog etliche Fortsetzungen sowie zwei Verfilmungen mit Angelina Jolie als Lara nach sich. Der Streit um die Heldin aber schwelt weiter: Ist Lara Croft nun eine feministische Ikone, in der junge Mädchen am PC endlich eine Identifikationsfigur haben, oder ist sie aufgrund ihrer Anatomie schlicht sexistisch? Ist das Spiel fortschrittlich, weil hier auch der männliche Spieler in eine Frauenrolle schlüpft, oder reaktionär, weil die Protagonistin alles tut, was sein Joystick befiehlt? Die Gender-Spezialistin Astrid Deuber-Mankowsky hat mit Laras Doppel-D-Körbchen kein Problem: »Sie ist in überirdischem Sinne ›Körper‹, sie ist Körper, wie die Matrix, wie die Gottesmutter, wie die Urmutter ›Körper‹ sind: Sie ist unsterblich, jungfräulich und immerdar«, sinniert sie in einem Suhrkamp-Band. Das Gleiche scheint nicht für die »Tomb Raider«-

Reihe zu gelten, deren Spiele sich längst nicht mehr so verkaufen wie das Debüt – obgleich Lara Croft über die Jahre eher noch attraktiver geworden ist, weniger kantig und realistischer, was auch bedeutet: Ihre Brüste sind geschrumpft. Für das neuste Game, das 2012 erscheinen soll, greift der Hersteller zu einem altbewährten Trick und verschafft Lara wieder eine völlig neue Vita, bei der die Initialzündung für ihr Abenteurertum kein Flugzeugabsturz, sondern ein Schiffsunglück ist. Wenn diese Neuerfindung auch nicht fruchtet, bliebe immer noch die Option, »Tomb Raider« künftig »Twix« zu nennen.

Miley Cyrus

Geboren (als Destiny Hope Cyrus):
23. November 1992
Populär seit: 26. März 2006
Bei: Mädchen (6–14 Jahre)
Besonderes Kennzeichen: Mit wachsendem Alter schrumpfende Kleidung
Typisches Zitat: »Ich muss mir jeden Tag klarmachen, dass ich ein guter Mensch sein will.«

In ihrem jungen Leben ist Miley Cyrus vielbeschäftigt gewesen. Sie hat Lieder geschrieben, gesungen, Filme und Serien gedreht. Eines aber hat sie ganz besonders häufig getan: Sie hat sich entschuldigt. Sie entschuldigte sich (Auflistung ohne Anspruch auf Vollständigkeit) für ein *Vanity Fair*-Foto von Annie Leibovitz, auf dem man den nackten Rücken der 15-jährigen Miley sah; für im Internet aufgetauchte Privatfotos, auf denen sie nur Unterwäsche trug; für ein Foto, auf dem sie mit ein paar Kumpels ihre Augen zu Schlitzen verzog, worin manche eine Beleidigung von Asiaten sahen; für ein weiteres Foto, auf dem sie nicht angeschnallt im Auto saß; für ein wiederum ins Internet gelangtes Home-Video, das sie beim Genuss einer Wasserpfeife zeigte. Die Fernsehsendung, die Miley Cyrus weltberühmt machte, hieß aber nicht »Verzeih mir«, sondern »Hannah Montana«: eine Serie aus dem Hause Disney, mit genialem Kalkül zugeschnitten auf die weiblichen »Preteens« zwischen 6 und 14 Jahren. Miley Cyrus spielte darin Miley (!) Stewart, einen ganz normalen Teenager, der abends mit blonder Perücke zur umjubelten Sängerin Hannah Montana wird (träumte man früher von einer

Zweitidentität als Superheld, so wäre man heute lieber Superstar). Hannahs Manager ist Mileys eigener Vater, dessen Darsteller Billy Ray Cyrus wiederum der echte Vater von Miley Cyrus ist sowie ein leidlich erfolgreicher Country-Sänger. Ihre Eltern hatten Miley, die auf einer Farm in Tennessee aufwuchs, die Last der Erwartung in die Wiege gelegt: Destiny Hope hatten sie ihre Tochter getauft. Trotzdem war Destiny ein fröhliches Kind, lächelte viel und wurde »Smiley« genannt, was später zu Miley wurde. Schicksal und Hoffnung erfüllten sich, als ihr Vater sie und sich bei Disney unterbrachte: »Hannah Montana« wurde zum größten Erfolg des Disney-Channels und in 150 Länder verkauft, und die Hauptdarstellerin, die die Lieder aus der Serie auf Alben und auf die Bühne brachte, zum reichsten Teenager Hollywoods. Und zum Rollen-Modell für junge Mädchen, das gemäß Disney-Ideologie privat so brav und süß zu sein hatte wie in der Serie, wo Daddy ihr einen scheußlichen Pullover mit Katzenapplikation schenkt, den sie dann trotzdem trägt, um ihn nicht zu enttäuschen. Wie andere junge Disney-Fachkräfte trug auch Miley einen »Purity-Ring«, der Keuschheit bis zur Ehe symbolisiert. Mit zunehmender Reife und dem Aus von »Hannah Montana« scheint sie sich von mancher Disney-Tugend verabschiedet zu haben – sowie, wie man an ihren Musikvideos sieht, von überschüssiger Kleidung. Während Miley ihre Frauwerdung durch Stangentänze und Zigarettenkonsum zelebrierte, beklagte Vater Billy, »Hannah Montana« habe seine Familie ruiniert, und reichte die Scheidung von seiner Gattin ein; vollzogen wurde sie dann aber nicht. Als jüngste Demonstration ihres späten Wandels zur Jungrebellin hat Miley Nirvanas »Smells Like Teen Spirit« (➡ Kurt Cobain) in ihr Repertoire aufgenommen; eine Version, die die Leser der Popzeitschrift *Rolling Stone* zum schlimmsten Coversong aller Zeiten wählten. Entschuldigt hat sich Miley bislang dafür trotzdem nicht.

James Dean

Geboren: 8. Februar 1931
Populär seit: März 1955
Bei: Frauen und Männern (15–25)
Besonderes Kennzeichen: Verlorener Blick
Typisches Zitat: »Träume, als ob du für immer lebst. Lebe, als ob du heute stirbst.«

James Dean hat mal in einer Jerry-Lewis-Komödie mitgespielt: In »Seemann, pass auf!« durfte er einen Satz sagen. Er war in einem albernen Pepsi-Werbespot zu sehen. Und er trat in einer Fernseh-Episode neben Ronald Reagan auf – als Tunichtgut, der mit einem angeschossenen Kumpel ins Haus eines aufrechten Arztes (Reagan) eindringt, dessen Frau und Kind bedroht (»Ich bin ein großer Mann!«), am Ende aber vom Familienvater überwältigt wird. Wenn es also immer heißt, Dean habe nur in drei Filmen mitgespielt, dann ist das höchstens die halbe Wahrheit, weil er in den Kinofilmen »Jenseits von Eden«, »Denn sie wissen nicht, was sie tun« und »Giganten« zwar Hauptrollen hatte, aber eben noch mancherlei anderes drehte. Zum Beispiel eine Botschaft an Amerikas Teenager, die aus heutiger Sicht gespenstisch wirkt: In einem Werbefilm sprach sich der Hobbyrennfahrer Dean nämlich ausgerechnet für mehr Verkehrssicherheit aus. In der Cowboy-Kluft aus dem Kostümfundus von »Giganten« mahnte er

die jungen Zuschauer, nur ja schön vorsichtig zu fahren: »Das Leben, das ihr rettet, könnte meins sein.« Für Donald Turnupseed kam die Warnung zu spät. Der Student achtete, als er mit seinem Ford Tutor an der Kreuzung zweier Highways links abbiegen wollte, nicht auf den entgegenkommenden Porsche Spyder 550, in dem der nicht angeschnallte Dean saß (das Thema Sicherheitsgurte hatte der Schauspieler in dem Verkehrsfilm ja auch nicht erwähnt). Es war der 30. September 1955, der Tag, an dem James Dean zur amerikanischen Ikone wurde, zum Urbild aller Teenager-Idole, bewundert von ➡ Elvis und den ➡ Beatles und Millionen missverstandenen Heranwachsenden. Sein früher Tod zementierte das Bild, das der aufstrebende Star von sich gezeichnet hatte, mit seinen Filmen, aber auch mit zahllosen Bildern, die ebenso sehr sein Werk waren wie das der Fotografen: jung, schön und unglücklich, ein verlorener Romantiker in einer kalten Welt, der Blick vernebelt nicht nur vom Rauch der im Mundwinkel klebenden Zigarette. Jung sterben, konstatierte nüchtern die *New York Times*, heiße, sich nie neu erfinden zu müssen (wie es etwa Kollege Reagan tat, indem er Präsident wurde). Kompliziert, grüblerisch und gequält war auch der Mensch James Dean selbst, jedenfalls, wie es heißt, seit seine über alles geliebte Mutter starb, als er neun war, und der Vater ihn zu Verwandten aufs Land schickte. In Dean nährte das die »Wut auf alle Väter«: Sie brachte er in seine großen Filme ein, von denen jeder auf seine Weise einen Generationskonflikt behandelte. Das galt sogar für den Film mit Dr. Reagan, gegen dessen Vaterfigur der missratene Sohn Dean sich letztlich vergeblich auflehnt. Dabei war der junge Jimmy ein Musterschüler gewesen, der Auszeichnungen in mehreren Fächern erhielt und bei einem Vorlesewettbewerb Landessieger von Indiana wurde. Mit dem Rebellen, zu dem er sich vor der Kamera stilisierte, drang ein neues Männerbild ins Kino ein: cool und doch verletzlich, ruppig und zart zugleich, einfühlsam und hemmungslos narzisstisch. Frauen liebten ihn und Männer; Dean soll, wie sich heute viele sicher sind, eher die Liebe letzterer erwidert haben. Der verhangene Blick übrigens, der Dean berühmt machte, verdankt sich dessen extremer Kurzsichtigkeit. Wenn nun junge Brillenträger meinen, sie könnten, wenn sie ihre Gläser abnehmen, ein zweiter James Dean werden, dürften sie sich täuschen. Sie drohen höchstens so wie dieser zu enden – falls sie sich denn ans Steuer setzen.

Die drei ???

Geboren: 1964
Populär seit: 1968
Bei: Kindern und Erwachsenen (8–45 Jahre)
Besonderes Kennzeichen: Dauerpubertät
Typisches Zitat: »Detektivbüro ›Die drei ???‹, Justus Jonas am Apparat.«

Es gibt Dinge, die lassen sich nicht leicht erklären. Jener Abend im Sommer 2010 zum Beispiel, an welchem sich 15 211 Menschen in der Berliner Waldbühne einfanden, um drei Mittvierzigern dabei zuzuhören, wie sie – nein, nicht Musik machten, sondern etwas vorlasen. Und zwar ein Hörspiel für Kinder. Wenn man dann noch erwähnt, dass das Publikum mehrheitlich nicht jünger war als besagte drei Herren, dann ist das Mysterium perfekt – und nur ein Superhirn wie Justus Jonas könnte es ergründen. »Nostalgie«, würde Justus sagen, der gern etwas geschwollen daherredet, »zusammengefügt aus dem griechischen ›Nostos‹ – Rückkehr in die Heimat – und ›Algos‹, Schmerz, bezeichnet die Sehnsucht des Individuums nach einem vergangenen Erlebnisraum. Hier haben wir es mit einem klaren Fall von Massennostalgie zu tun.« Justus' Kumpel Bob Andrews hätte da längst im Archiv geblättert und das Folgende zu Tage gefördert: »Das Detektivtrio aus dem fiktiven Ort Rocky Beach, das man bei uns als ›Die drei ???‹ kennt, hieß in Amerika ›The three Investigators‹. Bei uns erschien das erste Buch im Jahr 1968 und richtete sich an 8- bis 12-jährige.

Am 12. Oktober 1979 wurde das erste Hörspiel veröffentlicht. Mehr als 160 Bücher und mehr als 140 Hörspiele gibt es inzwischen, allerdings sind die meisten Leser und Hörer heute Erwachsene. Ein großer Teil der Hörspiele wird bis heute auf Musikkassetten verkauft.« Das mache ihm Angst, würde Peter Shaw, der Dritte im Bunde, nun sagen: »Wir sollten aussteigen.« Doch dafür ist es zu spät. »Die drei ???« haben den Tod ihres Erfinders Robert Arthur überlebt und den Tod Alfred Hitchcocks, der zwar mit den Büchern nie etwas zu tun hatte, aber von Arthur, der die Lizenz erworben hatte, als Mentor der drei Jungdetektive geschickt in die Handlung eingebaut und auf den Buchumschlägen gezeigt wurde. Als die Reihe in den USA 1990 eingestellt wurde, schrieben einfach deutsche Autoren weiter. Justus, Peter und Bob zählen somit neben David Hasselhoff (➡ Pamela Anderson/David Hasselhoff) und Barack Obama zu jenen Amerikanern, die hierzulande populärer sind als in ihrer Heimat, und sie haben sich über die Jahrzehnte kaum gewandelt. Der erste Detektiv Justus, der seine Eltern bei einem Autounfall verlor oder auch bei einem Flugzeugabsturz (➡ Lara Croft), ist der kluge Kopf auf plumpem Körper, der zweite Detektiv Peter die Sportskanone mit schwachen Nerven und Bob der ruhige Rechercheur – und ihre Zentrale nach wie vor ein alter Wohnwagen auf dem Schrottplatz von Justus' Onkel. Aber altes Eisen kann Gold wert sein: Es gibt so viele »Drei ???«-Fansites wie Parodien, inzwischen sogar eine Übersetzung ins Lateinische mit Justus, Petrus und Robertus, einen Ableger namens »Die drei ??? Kids« – und eines Tages gewiss auch »Die drei ??? Grandpas«. Speziell an Mädchen richtet sich seit 2006 die Reihe »Die drei !!!« um drei Jungdetektivinnen, deren Fälle verzweifelt zeitgeistige Titel tragen wie »Die Handy-Falle«, »Duell der Topmodels« oder »Achtung, Promihochzeit!«. Unvorstellbar, dass das der Nährboden für Nostalgie sein könnte.

Donald Duck

Geboren: 9. Juni 1934 (erster Filmauftritt), anderen Quellen zufolge 13. März (Jahr unbekannt)
Populär seit: 1934
Bei: Kindern und Erwachsenen (5–95 Jahre)
Besonderes Kennzeichen: Matrosenlook
Typisches Zitat: »Weh mir! Weh mir Armem! Welch schrecklich Unheil dräuet mir!«

Wir müssen kurz über Micky Maus reden. Die Lieblingsfigur ihres Schöpfers Walt Disney war einer der ersten Filmhelden, der zum Opfer des eigenen Erfolgs wurde. Auf dem Gipfel des Erfolgs des jungen Micky hatte sich Disney dem Druck derjenigen gebeugt, für die ein Star stets ein Vorbild sein musste – und seiner Maus alle Flausen ausgetrieben, die sie so beliebt gemacht hatten. Fortan machte Micky Maus keine anarchistischen Späße mehr, sondern war superschlau, supergut – und superöde. So konnte Donald Duck in die Lücke stoßen und Micky die Show stehlen: Der faule, cholerische Enterich mit dem anfänglich sehr langen Schnabel, der seit seinem ersten Auftritt 1934 im Kurzfilm »Die kluge kleine Henne« Nebenrollen gespielt hatte, wurde zur Hauptattraktion des Hauses Disney. Und er bewies, dass man weltberühmt und doch ein ewiger Verlierer sein kann. Donalds Jähzorn, sein Ungeschick und meist viel kleinere, doch raffiniertere Widersacher (Insekten, Backenhörnchen oder Neffen) führen dazu, dass, was immer er auch anpackt, im Fiasko endet – und sei es nur der Versuch, in der Hängematte zu liegen. Ob es an seinem Talent lag, schön zu scheitern, oder an seinem unerschütterlichen Optimismus, mit dem er sich in jedes neue Abenteuer stürzte – Duck wurde zum amerikanischen Jeder-Erpel und zum Nationalhelden, der seinen einzigen Oscar für den Anti-Hitler-Cartoon »Der Fuehrer's Face« (1943) gewann. Ein differenzierteres Bild von Duck als dessen Kurzfilme zeichneten die Comics, vor allem jene von Carl Barks, dem Schöpfer des Städtchens Entenhausen. Er stellte Donald ein festes Figurenensemble zur Seite; allen voran Dagobert Duck, den stinkreichen Erfolgserpel und geizigen Entenschinder, jedenfalls was seinen abgebrannten Neffen Donald betrifft. Weit populärer noch als in Amerika wurde Donald in Deutschland, wo die promovierte Kunsthistorikerin Erika Fuchs die Comics übersetzte und sich nicht nur als Meisterin der Lautmalerei erwies (»Ächz! Stöhn! Seufz! Grübel!«), sondern als heimlicher Praeceptor Germaniae: Hatte der Film-Donald mit der krächzenden Stimme Clarence Nashs kaum verständlich vor sich hin geschnattert, durfte die Fuchs-Ente dank zahlreicher Klassiker-Anleihen gelehrt parlieren; vom Klein- zum Bildungsbürger, wenn auch in prekären Verhältnissen. Für die deutsche Tendenz, eine Sache ernster zu nehmen als diese sich selbst, steht die Deutsche Organisation nichtkommerzieller Anhänger des lauteren Donaldismus (D.O.N.A.L.D.), die jeden Winkel des Entenhausener Universums erforscht – bis zu dem Phänomen, dass es dort nur Onkel und Neffen, aber keine Eltern und Kinder gibt. Und während in Amerika mit dem Zusammenbruch des Comic-Markts auch Donalds Stern gesunken ist, halten die Deutschen nach wie vor das Fähnlein Fieselschweif hoch. Wenn es übrigens stimmen sollte, was die Donaldisten, aber auch der Donald-Zeichner Don Rosa behauptet, dass nämlich Donald Duck in Wahrheit gar keine Ente, sondern ein Mensch ist, dann schwant uns ein Grund für seine notorische Erfolglosigkeit: Er hätte sich irgendwann besser doch mal eine Hose anziehen sollen.

Die »Eis am Stiel«-Jungs

Geboren: 17. Juli 1958 (Yftach »Jesse« Katzur), 23. April 1959 (Jonathan Segal/Sagall), 8. Juli 1953 (Zachi Noy)
Populär seit: 1978
Bei: Jungen und Mädchen (12–17 Jahre)
Besonderes Kennzeichen: Elvis- und James-Dean-Gedächtnistollen
Typisches Zitat: »Hey Alter, siehst du die Bräute?«

Heute hat ein heranwachsender Junge es sehr einfach: Wenn er wissen möchte, wie das so geht mit dem Zungenkuss, dann braucht er nur den Rechner einzuschalten und bekommt übers Internet Zungenküsse millionenfach serviert. Wenn er noch ein bisschen weiterklickt, erfährt er auch alles über Fesselspiele, Sodomie oder Intimpiercings und ist alsbald derart allwissend, dass er sofort loslegen könnte – falls ihm nicht längst die Lust vergangen ist. Unsere Generation, die noch ohne Google auskommen musste, suchte sich ihre Lehrmeister woanders, und viele von uns fanden sie in drei älteren Knaben. Diese wohnten in Tel Aviv in Israel, was aber kaum einer merkte, weil auf ihren Partys immer nur amerikanische Oldies aus den Fünfzigern und Sechzigern liefen und der Strand, wo sie sich vergnügten, auch Miami oder Mallorca hätte sein können. Häufig schauten die drei durchs Schlüsselloch der Duschkabine Damen beim Entkleiden zu, während wir dabei ihnen zuschauten – als Beobachter der Beobachter, um es mit dem Systemtheoretiker Niklas Luhmann zu sagen, der keinen der »Eis am Stiel«-Filme je gesehen haben dürfte. Der erste, der 1978 bei uns ins Kino kam, setzte auf eine neue Mischung: ein bisschen Busen, ein bisschen Schmusen, ein bisschen Slapstick, aber auch reale Teenager-Nöte mit dramatischer Zuspitzung – Freundschaftsverrat, ungewollte Schwangerschaft und Geschlechtskrankheiten (wenn auch nur Filzläuse). »Eis am Stiel« lief im Wettbewerb der Berlinale, wurde für einen Golden Globe nominiert, gar mit »American Graffiti« verglichen und zum Sensationserfolg im Kino. Man glaubt das alles nicht, wenn man »Eis am Stiel« 2 bis 8 im Kopf hat, eine Reihe zusehends albernerer und peinlicherer Klamotten. Apropos: Von denen hatten die Darsteller immer weniger an, was auch an den deutschen Koproduzenten lag. Sie brachten heimische Playmates wie Sybille Rauch und Bea Fiedler mit, von denen das Publikum dann auch was zu sehen bekommen sollte. Wie lieblos die Masche weitergestrickt wurde, erkennt man daran, dass selbst bei einer überschaubaren Zahl von Hauptrollen (drei) in der deutschen Fassung munter die Namen wechseln: Erst heißen die Jungs Benny, Momo und Johnny, in Teil 3 und 4 heißt Momo plötzlich Bobby und dafür Johnny Momo, von Teil 5 an sind es Benny, Bobby und Johnny; Momo ist verschwunden. Dafür bleiben Charaktere und Handlung von Film zu Film gleich: Jonathan Segal als Schönling Momo/Bobby landet mit einer liebestollen Frau in der Kiste. Zachi Noy als Dickwanst Johnny will als Zweiter ran, wird aber vom Ehemann/Freund/Vater erwischt, verkloppt und/oder halbnackt auf die Straße gesetzt. Jesse Katzur schließlich ist der schüchterne, sensible Benny, der sich bei den Eskapaden zurückhält, doch in jedem Film aufrichtig und unsterblich verliebt – was in dieser Häufung sonst nur Lothar Matthäus fertigbringt. Als die Reihe 1988 endete, empfanden die drei Darsteller das als Befreiung; später klagten sie darüber, bei den Gagen übervorteilt worden zu sein (➡ Sophie Marceau). Katzur ist heute als Unternehmer tätig, Segal als Regisseur und Produzent von ambitionierten Filmen, in denen es häufig um gleichgeschlechtliche Liebe geht – denn ausgerechnet der große Womanizer der »Eis am Stiel«-Reihe ist im wahren Leben schwul. Zachi Noy schließlich, als dicker Prügelknabe Johnny der größte Star der Filme, ist immer noch Schauspieler und kann, wie er behauptet, mit seiner »Eis am Stiel«-Vergangenheit gut leben. Ab und an aber erzählt er, wie sehr er damals litt, wenn er vor der Kamera und der gesamten »Eis am Stiel«-Crew mal wieder nackt übers Set gehetzt wurde. Das Jahr 2010 allerdings warf die Frage auf, ob Noy nicht vielleicht doch ein wenig masochistisch veranlagt ist: Als miserabler Sänger trat er in der Show »Das Supertalent« auf, um sich dort auch noch von ➡ Dieter Bohlen abwatschen zu lassen.

Elvis

Geboren (als Elvis Aaron Presley): 8. Januar 1935
Populär seit: 1954
Bei: Frauen und Männern (13–93 Jahre)
Besonderes Kennzeichen: Schmalztolle, bewegliches Becken
Typisches Zitat: »Wenn ich mich nicht bewege, kann ich nicht singen.«

Im Tod sind alle Menschen gleich, und auch die Könige werden menschlich. Und ausgerechnet der Mann, den sie King nannten, starb am 16. August 1977 eines Todes, der ihn menschlicher erscheinen ließ, als man ihn je kennenlernen wollte. Elvis brach im Badezimmer zusammen, lautet die gesellschaftsfähige Umschreibung seines Ablebens, deutlicher ausgedrückt ist er tot vom Klo gerutscht. Elvis' Mythos jedoch überstrahlt selbst diesen unwürdigen Abgang, wie auch die jugendliche Lichtgestalt jene verfettete Karikatur seiner selbst überstrahlte, die er zuletzt geworden war. Für den »Ärzte«-Schlagzeuger Bela B. war Elvis »der Jesus Christus der Musikgeschichte«, ein auf den ersten Blick blasphemischer oder jedenfalls bescheuerter Vergleich, selbst wenn Elvis von Abermillionen Fans vergöttert wurde. Gekreuzigt schließlich wurde er nicht, wohl aber – und hier wird Belas Bild stimmig – hat er »alles für uns andere Musiker erlebt, die allergrößte und gleichzeitig allerschlimmste Form des Startums«. Tatsächlich war Graceland, jene 23-Zimmer-Villa, die sich der einstige Lkw-Fahrer Elvis in Memphis gebaut hatte, für ihn zum Goldenen Käfig geworden: Nur nachts noch verließ er das Anwesen, weil er tagsüber vor seinen Fans nicht sicher gewesen wäre. Drinnen aber hatte er, bis auf echte Freunde, alles, was er zum Leben noch brauchte: Unmengen von Fast Food, Spielzeug und ein paar Schusswaffen, mit denen er öfters auf einen der vielen Fernseher schoss – ein Zeichen dafür, wie sein Leibwächter Sonny West später sagte, »dass es ihm gutging«. Eigentlich hätte der kleine Elvis zu seinem 11. Geburtstag ja auch gern ein Gewehr bekommen; dass ihm seine Eltern lieber eine Gitarre kauften, sollte die Musikgeschichte verändern. Gefährlich genug schien auch der unbewaffnete Elvis: Wenn er seine Hüften so schwingen ließ wie seine Stimmbänder, ängstigte das Amerikas Sittenwächter so sehr, dass man dem Sänger bei einer Fernsehshow den Unterleib abschnitt. Sein Manager »Colonel« Tom Parker sorgte bald dafür, dass Elvis nicht mehr nur die kreischenden Teenies, sondern auch deren Mütter betörte: Aus dem ungezügelten Rock'n'Roll-Rebell wurde ein Balladengott. Mehr als 80 Platten zu Lebzeiten brachte er heraus, mehr als 1000 Songs nahm er auf (fast ausnahmslos Fremdkompositionen), war Star in 30 meist unterirdischen Spielfilmen, spielte 1973 ein Konzert vor über einer Milliarde Fernsehzuschauern, schrumpfte sein Vermögen aufgrund exzessiven Lebenswandels von geschätzt 250 Millionen auf 750 000 Dollar, wog am Ende um die 120 Kilo und hatte bei seinem Tod 14 Medikamente im Körper. Alles legale Substanzen, versteht sich; schließlich hatte der King 1970 bei einem der bizarrsten Gipfeltreffen des 20. Jahrhunderts Präsident Nixon darum gebeten, ihn als Spezialagent beim Kampf gegen Drogen unterstützen zu dürfen; bei der Gelegenheit schwärzte

Elvis seine Kollegen von den ➡ Beatles als »unamerikanisch« an. Alles verzeihlich, alles zu vernachlässigen angesichts der gewaltigen kulturhistorischen Leistung Presleys, mit seiner Stimme dem schwarzen Gospel und Rhythm and Blues, verschmolzen mit Country zum Rock'n'Roll, den Weg ins weiße Ohr geebnet zu haben. Der König ist tot, es lebe der King – forever. Bis heute schließlich wird er regelmäßig irgendwo gesichtet, und noch immer werden im Internet Haarbüschel von ihm angeboten, von denen es mindestens so viele gibt wie Steine der Berliner Mauer. Wenn Sie eine der schwarzen Locken gekauft haben und deren Echtheit überprüfen wollen, dann waschen Sie sie so lange, bis die Farbe weggeht: In Wirklichkeit nämlich war Elvis Presley blond.

Ernie und Bert

Geboren: 28. Januar (Ernie), 26. Juli (Bert)
Populär seit: 1973
Bei: Kindern (3–8 Jahre)
Besonderes Kennzeichen: Schwarze Schöpfe, Streifen-Look
Typisches Zitat: »Hey, Bert!« (Ernie), »Ich will ein Buch lesen!« (Bert)

Als die Kinderserie »Sesamstraße«, die seit gut drei Jahren in Amerika ein Renner war, am 8. Januar 1973 erstmals in Deutschland lief, nahmen die Tugendwächter an vielerlei Anstoß. Sah die Kulisse mit ihren schäbigen Hausfassaden, Hydranten und Mülltonnen am Straßenrand nicht nach amerikanischem Ghetto aus? Konnte man den Müll-Misanthrop Oscar oder den groben Gierschlund Krümelmonster auf unsere Kinder loslassen, und waren diese von der bunten ethnischen Mischung der menschlichen Bewohner nicht genug irritiert? Der Bayerische Rundfunk klinkte sich zum Start gar aus der Übertragung aus, weil er die Sendung »zu amerikanisch« fand; so gebe es bei uns zum Beispiel »keine unterprivilegierten Kinder«. Selige Zeiten! Komisch, dass ausgerechnet die beiden größten Stars der »Sesamstraße« damals keinen Argwohn erregten; erst viele Jahre später sollte das Verhältnis zwischen Ernie und Bert genauer unter die Lupe genommen werden. Zwei männliche Handpuppen, die sich in der Sesamstraße 123 eine Wohnung und darin zwar nicht das Bett, aber doch das Schlafzimmer teilen: Können diese wirklich nur »gute Kumpel« sein, wie es Ernie gern behauptet, oder ist da, wenn die Kameras aus sind, mehr? Nachdem jüngst eine Online-Petition für Schlagzeilen sorgte, die forderte, dass Ernie und Bert einander heiraten sollten, sahen sich die »Sesamstraße«-Macher mal wieder zu einer Klarstellung gezwungen: Die beiden Puppen hätten keinerlei sexuelle Orientierung. Wenn also nicht der Eros, so muss es tiefste Freundschaft sein, die diese beiden Typen wie Feuer und Wasser seit Jahrzehnten zusammenhält. Als kindlich-naiver Spinner mit Hang zu lärmintensivem Zeitvertreib ist der orangeleuchtende Ernie, dessen Pummeligkeit durch seinen Querstreifenpullover noch unterstrichen wird, ein wahrhaft exotischer Mitbewohner für den längsgestreiften Gelbkopf Bert, einen Taubenfreund und Kronkorkensammler, dem die Ernsthaftigkeit mit seinen Frida-Kahlo-Augenbrauen schon ins Gesicht geschrieben ist; Don Sahlin, der die Puppen nach Skizzen Jim Hensons entwarf, nahm eine Orange und eine Banane als Vorbild. Jedes Mal, wenn Bert seinen Erwachsenenhobbys wie Lesen oder Schlafen frönt, platzt Ernie dazwischen und quasselt ihn so lange zu, bis er die Contenance und gelegentlich auch die Nase verliert. Der fröhliche Anarchist Ernie und sein scheiternder Erzieher Bert sind eine komische Paarung wie Stan und Ollie, von welchem sich Bert auch den verzweifelten Blick hin zum Zuschauer abgeschaut hat, der fast jeden Sketch beschließt (in Variationen schlägt Bert auch seinen Kopf aufs Kissen oder fällt einfach um). Mit Ernie und Bert wollten ihre Schöpfer zeigen, dass auch völlig verschiedene Menschen befreundet sein und zusammenleben können – um den Preis, sollte man hinzufügen, dass der eine den anderen regelmäßig in den Wahnsinn treibt. Aber so und nicht anders geht es schließlich auch in den meisten Familien zu.

Flipper

Geboren: Ende der fünfziger Jahre
Populär seit: 1963
Bei: Mädchen und Jungen (6–12 Jahre)
Besonderes Kennzeichen: Dauerlächeln
Typisches Zitat: »Tiririririt-ta-ta-tiririririririt.«

Die Menschen, meinte der Schriftsteller Douglas Adams, hielten sich für klüger als die Delphine, weil sie selbst so vieles geleistet hätten, etwa das Rad erfunden, New York oder Kriege, während die Delphine sich immer nur im Meer vergnügt hätten; die Delphine wiederum hielten sich für klüger, und zwar aus ein und demselben Grund. Spinnt man diesen Gedanken fort, so stellt sich die Frage, ob der berühmteste aller Delphine besonders klug oder besonders blöde ist. Statt nämlich wie seine Artgenossen nur fröhlich herumzutollen, stellt er sich völlig in den Dienst der Menschen. Sobald diese mal wieder Mist bauen, holt Flipper für sie die Kohlen aus dem Feuer, genauer gesagt, aus dem Wasser: Er befreit Taucher aus Wracks, schlägt Wilderer in die Flucht, apportiert versunkene Blutkonserven vom Meeresboden und zeigt selbst Haien, wo der Hammer hängt – ohne dabei auch nur einmal sein Lächeln zu verlieren. Ein Deus ex aqua, der spätestens nach 25 Fernsehminuten alles zum Besten wendet, 88 Folgen lang. Seinen menschlichen Gefährten ist der Große Tümmler nicht nur schwimmerisch, sondern auch moralisch und intellektuell weit überlegen, weshalb sie ihn immer wieder per Unterwassertröte um Hilfe rufen – und Flipper ist blitzschnell zur Stelle wie Superman (oder sogar noch schneller, weil er nicht erst noch eine Telefonzelle zum Umziehen suchen muss). Dabei scheint er nicht nur mühelos die Sprache der Menschen zu verstehen, sondern spricht sogar selbst – genauer, er schnattert. Was den speziellen Flipper-Sound angeht, so sind sich die Gelehrten nur in einem Punkt einig: Von einem Delphin stammt er nicht. Ansonsten meinen die einen, Flippers Stimme sei der beschleunigte Vogelruf des australischen Kookaburra; die anderen halten den Schauspieler Mel Blanc für den Urheber, der auch Bugs Bunny seine Stimme lieh. Unbestritten ist, dass sich die Rolle des Delphinmännchens Flipper fünf Weibchen teilten, da weibliche Delphine – Parallele zur Menschenwelt – schönere Haut haben als die Männchen, welche kampfeslustiger und folglich verschrammter sind (Flippers pelziger Vorgänger, der weibliche Überhund Lassie, wurde hingegen stets von Rüden gespielt). Mit dem Witwer Porter Ricks, Aufseher in einem Küstengebiet, seinen zwei Söhnen sowie den ihrer sexuellen Identität beraubten Delphinen war die Sendung eine reine Männersache; wie belebend das weibliche Element in Beach-Serien sein kann, haben erst jüngere Produktionen gezeigt (➡ Pamela Anderson). Ric O'Barry, der Delphintrainer der Serie, wurde später zum Konvertiten und kämpft heute für die Rechte der Tiere. Dass sich in Deutschland eine trutschige Schlagercombo die hohen Sympathiewerte des Stardelphins zunutze machte und mehr als vierzig Jahre unter dem Namen »Die Flippers« auftrat, hat aber auch er nicht verhindern können.

Hello Kitty

Geboren: 1. November 1974
Populär seit: 1975
Bei: Mädchen und Frauen (0–40 Jahre)
Besonderes Kennzeichen: Rote Schleife, links auf dem Kopf getragen
Typisches Zitat: –

»Süüüß!« Das ist der hervorstechende, womöglich auch der einzige Charakterzug der japanischen Cartoonkatze, deren Bild 1974 erstmals in der Öffentlichkeit erschien. Und zwar, was aus heutiger Sicht nur logisch scheint, auf einer Geldbörse. Seitdem ist »die schrecklich niedliche Katze« (*taz*) für Kleinstkinder mehrerer Generationen zum ersten Kontakt mit der Markenwelt geworden, die schon Zweijährige (und zugleich deren Eltern) zu Fashion Victims macht: Wenn Lilly mit Kitty-Käppi in der Krippe erscheint, wollen Lea und Lena auch eins. Da freut sich die Firma Sanrio, die mit Hello-Kitty-Kram einen Milliardenumsatz macht – ob Schlüsselanhänger, Duschgel, Deoroller oder Toilettenbürste. In ihrer extrem kindchenschematischen Erscheinung (runder Kopf, Knopfaugen, kein Mund) ähnelt Hello Kitty dem ➡ Sandmännchen, das aber, anders als Kitty, wenigstens einer halbwegs sinnvollen Tätigkeit nachgeht. Zu Kittys liebsten Beschäftigungen gehört angeblich das Backen und Verspeisen von Kuchen, meist aber steht sie einfach possierlich da und glotzt in die Gegend. Diese stumme Passivität macht sie nicht nur zum Idol aller kleinen Mädchen, die von einer Karriere als Hostess oder Glücksradbuchstabenumdreherin träumen, sondern auch zum wohl unbekanntesten

Merchandising-Star der Welt, dessen vom Hersteller erdichtete Vita kaum einer kennt: Demnach lautet Kittys Familienname White (und ihr Vorname Kitty und nicht, wie die jüngsten Fans annehmen, Hellokitty), sie lebt in London, ist fünf Jahre jung und seit ihrer Geburt um keinen Tag gealtert (➡ Bart Simpson), sie hat eine Zwillingsschwester, Mimmy (gelbe Schleife, rechts auf dem Kopf) und viele ebenso zuckersüße Freunde. Hinter Kittys Mund- und damit Sprachlosigkeit, die sie im Vergleich mit anderen Kinderzimmerquälgeistern wie Pumuckl oder Benjamin (»Töröóö!«) Blümchen geradezu erträglich macht, steckt die Idee, dass jeder Kitty-Fan, ob er gerade traurig oder fröhlich ist, sich in ihr wiederfinden soll. Das wirkt auch bei den »Kidults«, die die Kitty-Industrie seit den Neunzigern im Blick hat: längst Erwachsene, die sich aus der Kinderwelt nicht verabschieden mögen. Daher laufen heute auch Mittdreißigerinnen im Kitty-T-Shirt durch die Gegend. Und weil zwar nicht die Katze selbst, wohl aber ihr Geschäftssinn mit ihren Fans mitgewachsen ist, ziert sie nicht mehr nur Geldbörsen, sondern auch Kreditkarten.

Michael Jackson

Geboren: 29. August 1958
Populär seit: 1969
Bei: Männern und Frauen (7–67 Jahre)
Besonderes Kennzeichen: weißer Handschuh, schwarzer Hut, weiße Socken
Typisches Zitat: »I Love You!«

Einer Kunstfigur hinter ihre Masken zu blicken kann furchterregend sein. Und mehr Blöße hat sich kaum ein Star je geben müssen als der verblichene Michael Jackson durch den Autopsiebericht, der in mitleidlosen Diagnosen und Statistiken all die Wundmale offenlegte, welche dem untergewichtigen Körper über die Jahre zugefügt worden waren – häufig auch von Jackson selbst. 13 Infusionswunden wurden gezählt und zehn Narben von Schönheitsoperationen. Am Schädel fand sich nur wenig eigenes Haar, was Jackson durch eine Tätowierung über der Stirn (und durch Perücken) zu kaschieren versucht hatte; auch Augenbrauen und Lippen wurden durch Tattoos betont. Man weiß heute, dass es ein harter und schmerzlicher Weg war für den kleinen schwarzen Jungen, zum Superstar Michael Jackson zu werden. Noch härter und schmerzlicher aber dürften die Anstrengungen des Superstars gewesen sein, Michael Jackson zu bleiben. Denn das war ja der Zweck der ganzen Selbstquälerei – sich der Welt wieder als erfolgreichster Entertainer aller Zeiten zu präsentieren, der er laut Guinnessbuch war; als größter Star der Welt und nicht, wie man ihn in seinen letzten Jahren sah, als deren größter Freak. Fünfzig Konzerte in London hatte er spielen wollen, die gigantischsten Shows überhaupt sollten es werden, doch waren Jacksons Körper und Seele der Herausforderung nicht mehr gewachsen. Am 25. Juni 2009 starb der Musiker an einer Überdosis des Narkosemittels Propofol, das er regelmäßig konsumiert hatte. Die Autopsie hatte auch bestätigt, dass Jackson tatsächlich an jener Pigmentstörung litt, die seine Haut erbleichen ließ – was ihm kaum einer geglaubt hatte; zu gut passte der Porzellanteint zu den geglätteten Haaren und der Puppennase, mit denen der Sänger vermeintlich seine schwarzen Wurzeln verleugnen wollte. Verstanden aber hatte man ihn schon lange nicht mehr, ihn, der überirdisch nicht nur auf der Bühne schien, sondern im normalen Leben ein Fremder war. Das dramatischste Missverständnis war 2005 der Prozess gegen ihn wegen des Verdachts auf Kindesmissbrauch, der mit Freispruch in allen Punkten endete: ein Ausgang, der viele enttäuschte, die den gefallenen Star gern für seine Andersartigkeit abgestraft gesehen hätten. Wenn also Jackson, was nach dem Urteil anzunehmen ist, wirklich nicht der Kinderschänder war, den die Anklage in ihm sah, dann war er sträflich naiv: Finanziell mochte er es sich leisten können, als Erwachsener seine Kindheit nachzuholen, die er als vom tyrannischen Vater gedrilltes Mitglied der »Jackson 5« auf der Bühne verleben musste; moralisch aber machte er sich angreifbar, wenn er kleine Jungen aus armen Familien nicht nur in seinen Peter-Pan-Themenpark Neverland einlud, sondern auch in sein Bett, um mit ihnen zu kuscheln. Den Kredit bei der Öffentlichkeit hatte der Exzentriker schon vorher nach und nach verspielt. Ging sein Schimpansenkumpel Bubbles noch durch als kleiner Spleen à la ➡ Pippi Langstrumpf, befremdete anderes schon mehr: das Sauerstoffzelt, in dem er 150 Jahre alt werden wollte, und die Gesichtsmasken; die plastisch-chirurgischen Verwandlungen; die Idee, sein Söhnchen über die Brüstung eines Berliner Hotelbalkons zu halten und ihn fast in die Menge fallen zu lassen; der mutmaßliche Plan, sich die Aura von ➡ Elvis einzuverleiben, indem er eine Kurzehe mit dessen Tochter einging (aus der Familie der ➡ Beatles heiratete Jackson niemanden, sicherte sich aber sämtliche ihrer Songrechte). Und natürlich das bei jeder Gelegenheit gequiekte »I Love You«, das ihn zur Witzfigur machte, obwohl es ihm völlig ernst damit war. Welch großartiger Künstler er war, welch begnadeter Songschreiber, Sänger, Tänzer und Performer, das kam erst mit seinem Tod wieder in Erinnerung. Der Tod hat ihm, auch wenn es zynisch klingt, zu jenem Comeback verholfen, das er als Lebender schwerlich erreicht hätte. Jacksons Trauerfeier haben im Fernsehen eine Milliarde Zuschauer verfolgt, deren Trauer keinem Freak galt, sondern einem Menschen.

Lady Gaga

Geboren (als Stefani Joanne Angelina Germanotta):
28. März 1986
Populär seit: August 2008
Bei: Frauen und Männern (6–36 Jahre)
Besonderes Kennzeichen: Keins, das nicht ständig wechselte
Typisches Zitat: »I Love You, Little Monsters!«

Wir sollten es gleich am Anfang erwähnen, sonst haben wir es am Ende noch vergessen: Lady Gaga macht übrigens auch Musik. So Disco-Techno-Sachen halt, was irre viele Leute hören, vor allem die ganz Jungen. Die Älteren finden die Lady auch oft klasse, könnten aber getrost den Ton wegdrehen. Wenn gereifte Musikkritiker fabulieren über »die grundsätzliche Fremdheit von Zeichen und Bezeichnetem« oder die »chaotische Bildauflösung, die nur deshalb funktioniert, weil sie jedem ihrer Referenzpunkte haargenau eine eigene Umfanglinie zeichnet«, dann schreiben sie zwar angemessen gaga über Gaga, aber eben nicht über deren Musik. Der ganze Rest an der Lady ist ja auch viel interessanter: ihr Rilke-Tattoo auf dem Oberarm, ihre Marotte, auf der Bühne nie Wasser zu trinken, um das Bild der Kunstfigur nicht zu zerstören, und natürlich ihre Masken und Kostüme. Ihr Hang zur Theatralik mag sich in ihrer Zeit in der New Yorker Burlesque-Szene herausgebildet haben oder schon früher an der katholischen Mädchen-

schule; ihr Künstlerprofil setzt sich zusammen aus David Bowie, Freddie Mercury, Andy Warhol, Prinzessin Diana und vielen anderen, besonders natürlich auch ➡ Madonna. Deren Karriere scheint Lady Gaga, die ihre Fans »kleine Monster« nennt, im Schnelldurchlauf absolvieren zu wollen: Sagt man Madonna nach, sie habe sich alle paar Jahre selbst neu erfunden, so erfindet sich Lady Gaga ungefähr alle paar Stunden neu. Und bricht dabei Rekorde – bei Twitter, bei Facebook, und selbst bei Google ist sie, was Treffer angeht, ihrem Idol Jesus dicht auf den Fersen. *Time* zählt sie als wichtigste Künstlerin zu den 100 einflussreichsten Menschen der Erde, bei *Forbes* führt sie die »Celebrity 100« an. Ihre Botschaften – sei du selbst, glaube an dich, arbeite hart – sind, für sich betrachtet, so außergewöhnlich nicht, nur die Verpackung ist genial: feuerspeiende BHs, ein Kleid aus rohen Rindfleischlappen; Auftritte, bei denen sie aus einem Ei schlüpft, oder verkleidet als Mann – das ist ganz große Performance-Kunst. Anders als unglücklichere Vorgängerinnen (➡ Britney Spears) agiert Lady Gaga nicht nur als Songschreiberin stets selbstbestimmt, in ihrem Popzirkus ist sie Direktorin, Glamour-Prinzessin, Akrobatin und Clown zugleich. Selbst wenn sie sich – was sie oft und gern tut – halbnackt auszieht, wirkt das nie wie eine Einladung, sondern wie eine Herausforderung. Man sorgt sich nur ein wenig, wie das alles weitergehen soll mit ihr: Die wesentlichen Provokationen unserer Tage (diverse Sex-Spielarten in den Videos, vermeintliche Blasphemie im Song »Judas«) hat die noch so junge Lady schon alle durch. Und selbst das letzte, das allergrößte Tabu hat sie inzwischen gebrochen: Sie ließ sich von einer Zeitschrift total normal gekleidet und ungeschminkt ablichten. Was, zum Teufel, soll da jetzt noch kommen?

Pippi Langstrumpf

Geboren (als Pippilotta Viktualia Rollgardina Pfefferminz, auch: Schokominza Efraimstochter Langstrumpf): Winter 1941
Populär seit: 1945
Bei: Jungen (4–12 Jahre), Mädchen (4–94 Jahre)
Besonderes Kennzeichen: Rote Haare, Sommersprossen, Superkräfte
Typisches Zitat: »Nachthemden sind nicht gefährlich. Sie beißen nur, wenn sie angegriffen werden.«

Probieren Sie es, wenn Sie ein Kind haben, doch einfach mal aus: Fragen Sie es, was für eine Geschichte Sie ihm erzählen sollen. Fabulieren Sie dann munter drauf los, schreiben das Ganze später auf – und wenn auf diese Weise nicht ein weltberühmtes Kinderbuch entsteht, dann haben Sie etwas falsch gemacht. Oder Ihr Kind. Bei Astrid Lindgren hat es damals schließlich auch geklappt: Im Winter 1941, als ihre kleine Karin mit einer Lungenentzündung darniederlag, bat die Siebenjährige ihre Mutter, ihr zu erzählen von – der Name war dem Kind womöglich im Fiebertraum erschienen – Pippi Langstrumpf. Mama Lindgren, eine Hausfrau und frühere Sekretärin, legte los, hörte nicht auf, als Karin neuen Stoff forderte, und hatte am Ende genug für ein Buch zusammen – das sie aber erst dann schrieb, als sie selbst, im Winter 1944, mit verstauchtem Fuß im Bett liegen musste. Dem Verlag, dem sie das Manuskript schickte, versicherte sie in ihrem Brief, »dass Pippi ein Einzelfall ist, der normalen Kindern kein Vorbild sein kann«. Der Hinweis schien geboten, stellte »Pippi Langstrumpf« doch nahezu sämtliche Werte traditioneller Kindererziehung in Frage. Pippi, neun Jahre alt, sommersprossig und rothaarig mit zwei abstehenden Zöpfen, lebt in einer baufälligen Villa am Rande einer schwedischen Kleinstadt, gemeinsam mit einem Pferd und einem Äffchen, doch ohne Eltern – was eigentlich, wie es heißt, »sehr schön« ist, weil ihr so niemand Vorschriften machen kann. Also trägt sie viel zu große Schuhe und verschiedenfarbige Socken und tut, was kein anständiges Kind macht: verschlingt ganze Torten, trinkt Saft aus der Kanne, schmeißt Tassen auf den Boden, um zu sehen, »wie haltbar Porzellan heutzutage ist«; geht gerade mal einen Tag zur Schule und duzt die Lehrerin, wirft sich in Prügeleien mit bösen Jungs und lockt Polizisten aufs Dach, bevor sie ihnen die Leiter wegnimmt. Leisten kann sich Pippi ihren unkonventionellen Lebensstil, weil sie über zwei Dinge verfügt: einen Koffer voller Geld und übernatürliche Kräfte. Astrid Lindgren sah ihre Heldin dann auch als Beispiel dafür, »dass man Macht haben kann, ohne sie zu missbrauchen«. Für die Kinder und vor allem für die Mädchen muss »Pippi Langstrumpf« ein Erweckungserlebnis gewesen sein, ein Hecht im Backfischteich der Jugendliteratur. Prompt gab es in Schweden, wo das erste Buch am 1. September 1945 erschien, wie auch vier Jahre später bei uns Debatten darüber, ob Pippi die Kinder nicht verderbe. Sollte das stimmen, so sind seitdem mehrere Generationen verdorben worden, durch zahlreiche Bücher sowie durch Filme und eine Fernsehserie aus den späten Sechzigern, die perfekt in eine Zeit passten, welche an Institutionen und Autoritäten nicht mehr glaubte. Pippi wurde zu einer der berühmtesten Kinderbuchfiguren überhaupt, die man in Portugal als Bibi Meia-Longa und in Island als Lina Langsokkur kennt; gelegentlich

wird sie auch als Urmutter des Punk bezeichnet. Und bis heute lesen Mütter und Väter ihrem Nachwuchs gern aus den hochkomischen Pippi-Büchern vor, auch wenn sie sich dabei mitunter leicht schizophren fühlen: Ist zwar schon klasse, so ein aufmüpfiger Freigeist wie Pippi, andererseits wäre es auch nicht verkehrt, wenn die eigenen Kinder mal so lieb, wohlerzogen und artig wären wie Tommy und Annika. Und dass sie fröhlich und aus voller Überzeugung singen: »Zwei mal drei macht vier«, das wird sich schon einrenken, sobald sie in die Schule kommen. Wenn sie sich denn nicht weigern hinzugehen.

Peter Lustig

Geboren: 27. Oktober 1937
Populär seit: 1979
Bei: Kindern und Kindeskindern (6–66 Jahre)
Besonderes Kennzeichen: Latzhose, Nickelbrille
Typisches Zitat: »Ach, ihr seid auch noch da? Abschalten!«

Idole sehen anders aus. Sie tragen keine Latzhosen, keine Glatze, keine Nickelbrille und keinen Bart, jedenfalls nicht so einen – einen schwarzen Walrossbart, der sich im Laufe der Jahre zum gestutzten weißen Vollbart wandelte. Idole heißen auch anders, ja so heißt eigentlich überhaupt keiner: Peter Lustig. Der Mann jedoch, dem wir 25 Jahre lang dabei zuhören durften, wie er in der ZDF-Sendung »Löwenzahn« sich selbst die Welt erklärte, er hieß wirklich so, und auch sonst war an Peter Lustig fast alles echt: die Neugierde, mit der er die Solarenergie, den Wasserkreislauf oder den Mistkäfer ergründete; die Bastelfreude, die Erfindungen gebar wie die Staubsauger-Orgel oder die Orangen-Keks-Sonnenuhr; und auch die Frisur, genauer die nicht vorhandene. Den Wunsch des Produzenten, sich vor der Kamera eine Perücke aufzusetzen, um jünger zu wirken, lehnte Lustig ab. Und so geschah das Unwahrscheinliche: Ein Typ, der aussah wie ein schrulliger Onkel (und bald darauf wie ein kauziger Opa), bannte bis zu 40 Prozent der Zuschauer zwischen drei und 13 vor den Bildschirm. Für sie war Lustig alterslos: Mit seinem kindlichen Wissensdrang und dem ungekünstelten, beiläufigen Tonfall bewegte er sich auf Augenhöhe mit ihnen, ohne den Eindruck zu erwecken, sich anbiedern zu wollen. Er hatte keine Moderatorenschule besucht, sondern die des Lebens: Ausgebildet zum Rundfunktechniker, hatte er sich als Dreher, Kneipier oder Jazz-Schlagzeuger verdingt, bevor er als Toningenieur beim Fernsehen landete. Auf dem Fernsehschirm tauchte er erst bei der »Sendung mit der Maus« auf und 1979 in seiner eigenen Sendung, die zunächst »Pusteblume« und von 1980 an »Löwenzahn« hieß. Unbehelligt von Bürden der Erwachsenenwelt wie Bürokratie oder Erwerbsarbeit frönte Peter hier seinen zahllosen Interessen und dürfte es geschafft haben, selbst in Vorschulkindern Aussteigerphantasien zu wecken: Sein zum Wohnwagen umfunktionierter Bauwagen mit Holzstuhltreppe und Dachterrasse wurde zu einem Sehnsuchtsort der Fernsehlandschaft. Heute ist es undenkbar, dass jemand in einem Kinderprogramm Rotwein trinkt, wie Lustig es tat, und dass er am Ende der Sendung die Zuschauer auffordert, nun abzuschalten. Vom Peter Lustig außerhalb des Bauwagens erfuhr man erst spät etwas: zum Beispiel, dass er, optisch der Prototyp des Öko-Opas, kein Müsli mochte. Dass er und seine zweite Frau Elfie Donnelly (➡ Bibi Blocksberg) Anhänger des Gurus Osho (Bhagwan) waren. Dass sein Vorbild der eigene Großvater war, bei dem das Kriegs- und Flüchtlingskind Peter aufgewachsen war. Dass ihm ein Lungenflügel entfernt werden musste, eine Operation, deren Spätfolgen ihn zum Abschied vom Fernsehen bewogen; bei »Löwenzahn« wurde Lustig, das Original, durch einen jungen Schauspieler ersetzt, der sich Fritz Fuchs nennt. Bliebe nur noch eine der uralten Menschheitsfragen zu klären: Was war zuerst da, die Latzhose oder der »Löwenzahn«? Es war die Hose: Sie hing schon in Lustigs Schrank, bevor er Fernsehstar wurde. Heute besitzt er 35 Stück und hat seine dritte Frau sogar in einer geheiratet. Allerdings in einer schwarzen mit Nadelstreifen.

Madonna

Geboren (als Madonna Louise Veronica Ciccone):
16. August 1958
Populär seit: 1983
Bei: Männern und Frauen (12–62 Jahre)
Besonderes Kennzeichen: Zahnlücke zwischen den oberen Schneidezähnen (Diastema)
Typisches Zitat: »Es ist reine Zeitverschwendung, etwas Mittelmäßiges zu tun.«

Tania Strecker ist ein in Dänemark geborenes blondes Model, das in Großbritannien Fernsehsendungen moderiert und dort vor allem dank ihrer Beine bekannt ist, die eine stolze Länge von 94 Zentimetern erreichen. Selbst solch eine Frau aber ist schon einmal von einem Mann wegen einer anderen verlassen worden, und es dürfte sie wenig getröstet haben, dass er für diesen Schritt immerhin eine überzeugende Begründung angab. Mit folgenden Worten nämlich, so soll es die Verlassene selbst geschildert haben, beendete der Filmregisseur Guy Ritchie die Beziehung: »Schau, du weißt, dass ich dich wirklich liebe, aber sie ist Madonna.« Und die bekommt schließlich immer, was sie will. Also wurde Ritchie zum zweiten Mr. Madonna nach dem Schauspieler Sean Penn. Robbie Williams wiederum, der auch mal kurz mit Tania Strecker zusammen war, machte aus der Anekdote einen Hit, in dem ein Popidol (➡ Robbie Williams) einem anderen huldigt: »She's Madonna«. Madonna selbst ist mit knapp 1,63 Metern kaum länger als Tania Streckers Beine, doch im Popgeschäft nach wie vor die Größte – und mit bald Mitte fünfzig inzwischen auch eine der ältesten. Die »eiserne Lady«, wie man sie genannt hat, oder auch einfach »Mutti« (Inga Humpe) ist seit rund dreißig Jahren ganz oben im Pop, was vor ihr keine geschafft hat. Dass es gerade Madonna gelang, hat einiges mit ihrem musikalischen Talent zu tun, weniger mit ihrer unauffälligen Stimme, sehr viel jedoch mit Ehrgeiz, Disziplin, ständiger (Selbst-)Kontrolle und einem untrüglichen Gespür, im richtigen Augenblick einen überraschenden Haken zu schlagen. Von zu Hause aus mit bekam sie den starträchtigen Vornamen (er lautet wirklich Madonna; ihre sieben Geschwister kamen schon deshalb für eine Pop-Karriere nicht in Frage, weil sie ganz unglamourös »Martin« oder »Paula« heißen) sowie eine Überdosis Katholizismus, was sich in etlichen ihrer stets aufsehenerregenden Videos niederschlägt. Mit 18 Jahren und 35 Dollar in der Tasche war sie 1977 nach New York gezogen. 1983 wurde sie mit »Holiday« zum Sternchen und bald zum Weltstar, dessen Karriereweg gepflastert ist mit gebrochenen Tabus meist sexueller Natur und abgelegten Kostümierungen (Marilyn, Marlene, Evita). Beliebteste Debattenthemen der jüngsten Zeit waren Madonnas Adoptionen, ihr Kabballah-Glauben und die Frage, ob es Anzeichen würdevollen Alterns sind, wenn man sich dreißig Jahre jüngere Lover hält und den eigenen Körper derart schindet, dass er dagegen optisch nicht abfällt; kein Zufall, dass Madonna kürzlich eine Fitnessstudio-Kette eröffnet hat. Niederlagen hat sie auch erlitten, doch selbst die klingen noch irgendwie triumphal: So ist Madonna nach ihren vielen Filmflops zur »Schlechtesten Schauspielerin des Jahrhunderts« gewählt worden. Und selbst ihre Trennung von Guy Ritchie hat es in die Hitlisten geschafft, als eine der zehn teuersten Star-Scheidungen. Als starke Frau hat dabei natürlich Madonna ihren Exmann ausgezahlt; laut dem Magazin *Forbes* durfte Ritchie umgerechnet 56 Millionen Euro einstecken. Keine Frage: Es war schon richtig, dass er damals Tania Strecker verlassen hat.

Sophie Marceau

Geboren (als Sophie Danièle Sylvie Maupu): 17. November 1966
Populär seit: 1980
Bei: Jungen und Mädchen, 12–18 Jahre
Besonderes Kennzeichen: Diese Augen!
Typisches Zitat: »Mit einem Jungen gehen, das heißt, ihn auf den Mund küssen!« (als Vic)

Es ist die berühmteste Szene aus dem Kinofilm »La Boum – Die Fete«: Auf der Party nähert sich der Junge von hinten der an einem Saft nippenden Vic, setzt ihr den Kopfhörer seines Walkmans auf, und zu Richard Sandersons Ballade »Reality« sinkt sie in seine Arme – engumschlungen wiegen sich beide auf der Tanzfläche, wo alle anderen zu Rock`n`Roll abhotten. Verdammt schwer, diese Schnulze anschließend wieder aus dem Kopf zu kriegen. Schier unmöglich aber war es, wenn man selbst in ihrem Alter war, Vic zu vergessen oder besser ihre damals 13-jährige Darstellerin Sophie Marceau: süß, trotzig, unschuldig und trotzdem raffiniert, war sie ein durch erste Liebeswirren taumelnder Teenie, in den die Mädchen sich hineinversetzen konnten und die Jungen sich verknallten. Laut ihrem Eintrag im Munzinger-Archiv erhielt Marceau nach »La Boum« 180 000 Briefe von Mädchen aus aller Welt. Was zwei Fragen aufwirft: Wer hat die alle so genau gezählt? Und: Wo um alles in der Welt sind die Briefe der Jungs abgeblieben, von denen es mindestens ebenso viele gegeben haben muss? »La Boum« war der seltene Glücksfall einer so intelligenten wie warmherzigen Teenagerkomödie, die auch Erwachsene anspricht, und sogar die Fortsetzung »La Boum 2« zwei Jahre später war sehenswert. Was, jedenfalls aus Pubertierendenperspektive, an Sophie Marceau lag: Nicht wenige junge Deutsche mögen ihre Eltern bekniet haben, sie schleunigst als Austauschschüler nach Paris zu schicken, um Sophie den Armen der Franzosenjungs wie Pierre Cosso zu entreißen. Hätte man damals geahnt, wie es ihr im wahren Leben erging, der Schutzinstinkt wäre noch stärker gewesen. Aufgewachsen war Sophie in ärmlichen Verhältnissen in einem Arbeiterviertel am Stadtrand von Paris, ihre Eltern trennten sich, als sie neun war; schon mit sechs Jahren war sie es gewohnt, allein zu Hause zu sein. Der Rest ihrer Kindheit endete dann mit »La Boum«, für den sie umgerechnet nur 2000 Euro Gage bekam. Doch die wehrhafte Sophie hätte des Beistands deutscher Knaben gar nicht bedurft: Sie war 16, als sie sich mit einer Million Franc aus dem Vertrag herauskaufte, der sie zu »La Boum 3« verpflichtet hätte. Und sie wich auch später gern vom Weg ab, der für ein Jugendidol schicklich schien: Sie, die eben noch mit flaumbärtigen französischen Jünglingen geschmust hatte, begann eine Liaison mit dem 26 Jahre älteren polnischen Kunstfilmregisseur Andrzej Zulawski, legte in dessen Filmen extrem freizügige Auftritte hin und zog mit ihm ins damals noch sozialistische Polen; im Film »Abstieg zur Hölle« schockierte sie gar durch Sexszenen mit ihrem »La Boum«-Filmvater Claude Brasseur. Auch in einem James-Bond-Film trat sie 1999 auf, aber, worauf sie Wert legt, nicht als Bond-Girl, sondern als Schurkin – die von 007 am Ende nicht deshalb erschossen wird, weil sie ihn zuvor sadistisch gefoltert hat, sondern weil ihn ihre Worte so reizen. Auch jenseits der Leinwand gab sie sich scharfzüngig, nannte De Niro einen »lustig aussehenden kleinen Mann« und DiCaprio »ein Kind«. Berüchtigt ihr Satz über Isabelle Adjani, die vor ihr auch einmal Zulawskis Muse gewesen war: »Ich bin acht Jahre jünger, siebeneinhalb Zentimeter größer, und ich habe Brüste.« Was insofern nicht ganz richtig ist, als Marceau nicht acht, sondern elf Jahre jünger ist. Heute ist Sophie Marceau mit ihrem Kollegen Christopher »Highlander« Lambert liiert, nach wie vor eine Augenweide und die beliebteste Schauspielerin ihrer Heimat, wo sie 2009 noch einmal in einer hübschen Teenagerkomödie namens »LOL« mitspielte – diesmal allerdings als Mutter, die komplett überfordert ist. Das aber auf eine so charmante Weise, dass sich die gealterten Jungs sofort wieder in sie verlieben könnten.

Lena Meyer-Landrut

Geboren: 23. Mai 1991
Populär seit: Februar 2010
Bei: Frauen und Männern (6–66 Jahre)
Besonderes Kennzeichen: Lilien-Tattoo am linken Oberarm
Typisches Zitat: »Wow! Verdammte Axt, ist das geil!«

Ein 17 Jahre junges Mädchen im gepunkteten Kleid mit weißem Kragen, das auf einer weißen Gitarre zupfte und mit wehklagender Stimme um ein bisschen Frieden flehte: So sah der deutsche Sieg 1982 beim Schlager-Grandprix aus. Ein Volk, das in jenem Jahrhundert für nicht nur ein bisschen Krieg gesorgt hatte, lieferte der Welt mit dem possierlichen Singvögelchen im Konfirmandinnen-Look den Beweis der eigenen Harmlosigkeit; undenkbar, dass Nicole seinerzeit eine Deutschland-Fahne geschwenkt hätte. Als am 29. Mai 2010 wiederum eine junge Deutsche den Wettbewerb gewann, der da längst Eurovision Song Contest hieß, hatte sie mit dem Fahnenschwenken kein Problem. Und nicht, weil Lena Meyer-Landrut so brav war, sondern weil sie so unbefangen, charmant, lustig und verrückt war, fühlte sich ihr Heimatland von ihr angemessen repräsentiert (obgleich die Deutschen selbst im Durchschnitt nicht ganz so unbefangen, charmant, lustig und verrückt sind). Schon vor Lenas Sieg in Oslo mit dem Ohrwurm »Satellite« war die 18-Jährige Hannoveranerin von ihren Landsleuten kollektivadoptiert worden. Geistiger Vater

ihres Erfolgs war Stefan Raab, in dessen Shows sie sich für Oslo qualifiziert hatte, als geistiger Stiefvater aber darf sich ➡ Dieter Bohlen fühlen. Dessen Superstarsucherei mit ihren um ihre letzte Chance kämpfenden Randschichtlern war die Folie, vor der sich die Lichtgestalt Lena umso strahlender abhob: Bei jedem Auftritt machte Lena deutlich, dass es ihr nicht um die nackte Existenz ging, sondern um den Spaß. Ein verrücktes Huhn, eine lustige Nudel, aber als Abiturientin und Bürgertochter mit Diplomaten-Opa selbstverständlich Bio-Huhn und Bio-Nudel. Dass ihre Stimme eher markant denn schön ist und ihr Pseudo-Akzent im Englischen mindestens gewöhnungsbedürftig, tat der Lenamania keinen Abbruch; selbst die *Bild*-Zeitung, die Lena mal totschweigen, mal niederschreiben wollte – wie ihr Mentor Raab verweigert sie *Bild* jedes Interview –, musste schließlich umschwenken. Lenas Beliebtheit konnte nicht einmal die Entdeckung schaden, dass sie in mehreren Reality-Trash-Reihen in Minirollen aufgetreten war, einmal auch barbusig. Schon größere Besorgnis erregte ihre Entscheidung, ihren Eurovision-Titel im Jahr darauf verteidigen zu wollen; Kritiker sahen das Mädchen hier ebenso vom Größenwahn gepackt wie bei der Buchung der größten Hallen für ihre erste Tournee. Mit »Taken by a Stranger« belegte Lena beim Contest 2011 dann ganz entspannt Platz 10, spielte eine doch recht ordentlich und vor allem von kleinen Mädchen besuchte Tour und reagierte auch gelassen, als ihr Werbepartner Opel keinen neuen Vertrag mit ihr abschloss. Dabei war es nur logisch: Hätte Opel nach seinem Lena gewidmeten »Corsa Satellite« einen »Corsa Stranger« auf den Markt bringen sollen? Nach einer kurzen Schaffenspause hat Lena im Herbst 2011 ein Studium in Köln begonnen: Philosophie sowie »Sprachen und Kulturen Afrikas«. Ganz offensichtlich nicht der Karriere wegen, sondern des Spaßes: Das ist wieder die Lena, die wir lieben.

Nena

Geboren (als Gabriele Susanne Kerner): 24. März 1960
Populär seit: 17. August 1982
Bei: Männern und Frauen (1982: 10–30 Jahre, 2012: 5–60 Jahre)
Besonderes Kennzeichen: Stirnband, roter Ledermini (achtziger Jahre)
Typisches Zitat: »Ich bin mit dem Fahrstuhl in mich selber reingefahren.«

Wer überlebt – einem geflügelten Wort der Pop-Branche zufolge – einen Atomkrieg? Kakerlaken und Cher. In Abwandlung dessen ließe sich sagen, wer einen 99 Jahre währenden, vermutlich ebenfalls atomar ausgefochtenen Krieg überleben würde: Nena und ein Luftballon. Den nämlich entdeckt sie, wie sie in ihrem Megahit »99 Luftballons« behauptet, bei ihrer Runde durch eine in 99 Kriegsjahren zertrümmerte Welt. Und unverwüstlich scheint diese Frau – oder auch das kleine Mädchen, denn genau das bedeutet ihr dem Spanischen entlehnter Künstlername – tatsächlich zu sein. Gerne wird sie als einzige Überlebende der Neuen Deutschen Welle bezeichnet. Anders als der menschliche Flickenteppich Cher gilt Nena dabei bis heute als »authentisch« – was in ihrem Fall heißt: sympathisch und offen, aber immer auch leicht neben der Spur. Geboren in Breckerfeld bei Hagen (»Ich war da krass fehl am Platz«), brach die Lehrerstochter die Schule nach der 11. Klasse ab, machte eine Lehre als Goldschmiedin und zog dann nach Berlin, um Popstar zu werden. Was mit einem Auftritt im August 1982 in der Show »Musikladen« auch gelang: Die Single »Nur geträumt« verkaufte sich am Tag nach der Sendung 40 000-mal. Zur Überfliegerin wurde Nena 1983 mit den »99 Luftballons«: Die genial zeitgeistige, trotzig-traurige Kleinmädchenklage über den Kalten Krieg war so etwas wie die rockige Variante von Nicoles »Ein bisschen Frieden« aus dem Vorjahr, nur noch viel erfolgreicher. In Großbritannien flogen die »99 Red Balloons« auf Platz eins der Charts, in den USA landete die deutsche Originalversion (!) auf Platz zwei; mit Nena lernten die Amerikaner die deutsche Frau als eines der letzten Reservate für frei wachsende Achselhaare kennen. Geschrieben hatten die »Luftballons« zwei Mitspieler, doch dass Nena eigentlich auch eine Band war, interessierte keinen: Alles schaute auf die Sängerin mit ihrem kieksenden Lachen, dem immer etwas verträumtem Blick, dem niedlichen Überbiss, dem Wuschelhaar überm Stirnband und dem Minirock aus rotem Leder, die mit unverwechselbarer Stimme ins Mikro seufzte, hauchte und nölte. Ein bisschen aufmüpfig, aber nie revolutionär, ging Nena mit 22 Jahren im Kinoklamauk »Gib Gas – ich will Spaß« locker als giggelndes Schulmädchen durch und wechselte sich praktisch den gesamten *Bravo*-Jahrgang 1983 über auf dem Cover mit der Band Kajagoogoo ab. Mitte der Achtziger ließ der Erfolg der »Rockgöre« (*Bravo*) nach. 1988 bekam sie einen Sohn, der bei der Geburt einen Hirnschaden erlitt und mit elf Monaten starb. Mit ihrem ersten Soloalbum »Wunder gescheh'n« meldete sie sich zurück. Und bis heute sorgt sie mit mal gelungenen, mal seltsamen Aktionen dafür, dass es uns nie langweilig wird mit Nena: Platten mit Kinderliedern aufnehmen. Insgesamt fünf Kinder kriegen. Eine alte Liebelei mit Udo Lindenberg enthüllen. Ein Liebeslied an Deutschland singen (»Made in Germany«). Sich als Fan des Gurus Osho outen (➡ Peter Lustig). Das Gesicht des Otto-Katalogs werden. In einer Fernsehwerbung gegen Fleckenzwerge kämpfen. Im Vorprogramm von Pur auftreten. Eine

Autobiographie schreiben und dabei die Achtziger aussparen. Eine offene Beziehung mit einem zwölf Jahre jüngeren Mann führen. In Hamburg eine alternative Schule gründen, in der die Kinder selbst bestimmen, ob sie unterrichtet werden. Heute ist Nena über 50 und zweifache Oma, wirkt aber alterslos; sie duzt noch immer alle und erläutert ihre Weltsicht im typischen Nena-Jargon, den man seelenvoll, aber auch irre anstrengend finden kann. Dann teilt sie mit, dass sie nicht nur bewusst leben, sondern auch »bewusst schlafen« möchte, dass sie sich »selbst in den Arm nehmen« könne und ihren Lieblingsfilm »Odyssee im Weltraum« fünfmal angeschaut habe, aber noch nie bis zum Ende: »Ich finde ihn so intensiv.« Und noch nie dürfte ein Star mit einer originelleren Begründung ein Interview vorzeitig abgebrochen haben als Nena jenes mit einem *taz*-Reporter, dem sie nach zehn Minuten beschied: »Du gibst kein Signal von dir, ich fühle dich nicht.«

Günter Netzer

Geboren: 14. September 1944
Populär seit: 1965
Bei: Männern (10–80 Jahre) und in den Siebzigern auch Frauen
Besonderes Kennzeichen: Seitenscheitel, unverrückbar
Typisches Zitat (zu Gerhard Delling): »Warum verstehen Sie mich nicht?«

Als Fußballspieler stand Günter Netzer im Ruf, nie mehr zu tun als nötig, und manchmal war das auch gut so. So verweigerte er sich einem fragwürdigen Trend, der namhaften Kollegen den Tiefpunkt ihrer Laufbahn einbrockte: dem Fußballschlager, wie ihn mit »Gute Freunde soll niemand trennen« Franz Beckenbauer oder mit »Dann macht es bumm« Gerd Müller brummten. Günter Netzer trennten schon musikalisch von ihnen Welten; statt Schlagerfuzzi wurde er Popstar, der erste, den der deutsche Fußball hatte. Und das nicht nur, weil er 1970 in Mönchengladbach eine Disco namens »Lovers Lane« eröffnete, in der Beckenbauers Gassenhauer gewiss nie gespielt wurde. In Hennes Weisweilers Gladbacher Fohlen-Elf galt Netzer als bestes Pferd im Stall, aber leider auch als unzähmbar; von seinen Trainern jedenfalls ließ er sich nicht allzu viel sagen. Legendär wurde der 23. Juli 1973, als Spielmacher Netzer beim DFB-Pokalfinale gegen Köln erst 90 Minuten auf der Bank sitzen musste, sich in der Verlängerung selbst einwechselte und mit dem ersten Ballkontakt den Siegtreffer schoss. Der geniale »Standfußballer« (Rudi Völler) wurde mit Gladbach deutscher und mit Real Madrid spanischer Meister, 1972 Europameister und 1974 auch Weltmeister, auch wenn er sich nie als solchen betrachtete: Beim Turnier hatte er nur 21 Minuten gespielt. Er kam auf mickrige 37 Länderspiele, auch weil er nicht verzichten mochte auf ein Leben neben dem Fußball – was in Netzers Fall bedeutete: Ferraris, Feiern, Frauen. Wie bei seinem englischen Wiedergänger David Beckham (➡ Spice Girls) sollte eine Frau eine ganz besondere Rolle spielen, nämlich Netzers damalige Freundin: »Die hat mich gemacht.« Sie riet Netzer zu den langen Haaren und kleidete ihn ein. Als Playboy gefiel Netzer der Society, als denkender Spieler dem Feuilleton und als »Rebell am Ball« den Achtundsechzigern. Gegen das geschäftsfördernde Image angekämpft hat er nicht, sich erst Jahre später jedoch als »Spießer« bezeichnet. Dass er nicht falsch lag, bewiesen seine zwölf Jahre als Fernsehexperte neben Gerhard Delling. Immer noch mit derselben Frisur (»Es ist einfach nicht mehr draus zu machen«), aber mit Anzug und Krawatte beschwor er im Studio die alten Fußball-Tugenden. Sagen ließ er sich noch immer nichts, aber weil Netzer nun neben dem jüngeren Delling selbst die Trainerrolle einnahm, wirkte das nicht mehr rebellisch, sondern rechthaberisch. Dabei konnte Oberlehrer Netzer stets darauf setzen, dass der vorwitzige Pennäler Delling »irgendeinen Blödsinn sagt, der mich dann zu einer dezidierten Antwort zwingt«. Oft war das großes Kabarett, gerade weil Netzer (»Eigentlich hasse ich Fernsehen«) so einsilbig und spröde war, so aufrichtig und manchmal umständlich bemüht um Präzision, so unbestechlich: ein Ballbeamter im großen Fußballshow-Spektakel, der das Pokerface unterm Seitenscheitel kaum je verzog. Und ein Widerständler gegen die Fußballkumpelei, der seinem Partner Delling nie das »Du« anbot – auch wenn er schließlich dessen Trauzeuge wurde. Mit den Worten

»Ich konnte mich selbst nicht mehr sehen« nahm er nach der WM 2010 Abschied vom Bildschirm. Ferrari aber fährt er bis heute, und wie sehr sich die Achtundsechziger damals in ihm geirrt haben, zeigt die Tatsache, dass seine Frau – ein früheres Model – nicht mal als Beifahrerin mit in den Wagen darf, weil ihre Kommentare (»Pass auf!«) ihn gestört haben. »Wenn ich mit meinem Auto zu einem gemeinsamen Termin fahre«, so Netzer, »muss sie mit dem Zug oder dem Flugzeug hinterher.«

Thomas Ohrner (Timm Thaler)

Geboren: 14. Juli 1965 (Thaler in der Serie), 3. Juni 1965 (Ohrner)
Populär seit: Dezember 1979
Bei: Jungen und Mädchen (8–15 Jahre)
Besonderes Kennzeichen: Das schönste Lachen der Welt
Typisches Zitat: »Ich kann lachen, so viel ich will. Warum sollen Sie davon nicht etwas abkriegen?«

Das Fernsehen hat seine gemeinschaftsstiftende Wirkung weitgehend eingebüßt. Nur noch Fußballländerspiele und ab und an ein Eurovision Song Contest (➡ Lena) schaffen es heute noch, eine Zuschauerschaft zu fesseln, die man als Massenpublikum bezeichnen kann. Vor dreißig Jahren war das noch anders. Jeder junge Mensch kannte damals Silas, den Zirkusjungen, die Ballerina Anna oder Patric Pacard, den Jungen mit der Formel auf der Fußsohle. Sie waren die Helden der Weihnachtsmehrteiler im ZDF, die zwischen Weihnachten und Neujahr liefen, und ihre Darsteller wie Patrick Bach, Silvia Seidel oder Hendrik Martz eroberten via *Bravo*-Poster die Kinderzimmer. Die Erste aller Weihnachtsserien war 1979 »Timm Thaler«, sie ist wohl auch die bekannteste – und der Darsteller des Titelhelden wohl auch der bekannteste unter all den Jungdarstellern. Soll heißen: An Thomas »Thommy« Ohrner kann man sich am ehesten noch erinnern. Die Romanvorlage von James Krüss, *Timm Thaler oder Das verkaufte Lachen*, war schon 1962 erschienen und nicht besonders erfolgreich gewesen. 16 Millionen Zuschauer hingegen hatte die erste Folge der ZDF-Serie, die damit begann, dass Ohrner mit dem Skateboard durch Hamburg brauste wie Jahre später ➡ Bart Simpson durch den »Simpsons«-Vorspann. Timm Thaler, der lachen kann wie kein anderer, wird beobachtet von einem sinistren Geschäftsmann in schwarzer Limousine. Im Buch heißt er Baron Lefuet, was rückwärts gelesen Teufel ergibt, im Fernsehen ist es verkompliziert zu »de Lefouet«. Um seine Macht zu komplettieren, braucht der teuflische Baron »ein freundliches Lachen, das Vertrauen schafft«, und findet es bei Timm Thaler. Lefouet lässt dessen Vater tödlich verunglücken und überredet den seelisch aus der Bahn geworfenen Timm, ihm sein Lachen abzutreten; im Gegenzug wird er künftig jede Wette gewinnen. »Timm Thaler« war ein Fest für den Filmfiesling Horst Frank, der als Baron wie ein Bond-Bösewicht in einem Krater auf einer Vulkaninsel hauste; auch die Musik von Christian Bruhn (➡ Captain Future) blieb unvergesslich. Thommy Ohrner wurde als Timm zum Posterboy der Teenies, war anschließend noch »Manni, der Libero« und sattelte später auf Moderationen um. Die Sendungen indes wurden über die Jahre immer kleiner – von »Flitterabend«, »Lass dich überraschen« und »Versteckte Kamera« über den »Grand Prix der Volksmusik« bis zu »Dingsda« und sogar zum »Glücksrad« –, und sie wurden immer früher abgesetzt. Über Ohrner, der auch privat manchen Schicksalsschlag erlitt, stand dann abwechselnd in der Zeitung, er habe sein Lachen verloren oder es wiedergefunden. Am bittersten für ihn dürfte ein *Zeit*-Interview gewesen sein, in dem Justus Pfaue, Drehbuchautor der meisten Weihnachtsserien, den einstigen Kinderstar abwatschte, als sei er Lefouet höchstpersönlich. »Tommy Ohrner war jemand, der stur 120 Tage drehen konnte«, so Pfaue. »Aber er war eben nur, wenn überhaupt, eine Pubertätsbegabung, danach eigentlich ein lausiger Schauspieler und mäßiger Moderator. Ich habe generell den Eindruck, er versäumt einen anderen Beruf.« 2008 feierte Ohrner sein Schauspiel-Comeback – in der Seifenoper »Verbotene Liebe«. Weihnachtsserien gab es da schon lange nicht mehr, die letzte lief 1995. Heute moderiert Thomas Ohrner vor allem Radiosendungen sowie im Bayerischen Fernsehen die Sendung »Nachfolger gesucht«, die Traditionsbetrieben bei der Nachfolger-Suche hilft. Vielleicht könnte er dort einen Nachfolger für das Traditionsunternehmen Weihnachtsserie finden?

Otto

Geboren: 22. Juli 1948
Populär seit: 1972
Bei: Jungen und Mädchen (8–65 Jahre)
Besonderes Kennzeichen: Lange Haare, aber gepflegt müssen sie sein
Typisches Zitat: »Hollerehidi, hier kommt das kleine Ottili!«

Lange Haare tragen, Gitarre spielen können: In den siebziger Jahren waren das ideale Voraussetzungen, um bei der Jugend ein Star zu werden. Das hat bei Otto Waalkes auch geklappt, nur auf eher untypische Art und Weise. Wenn er die Bühne betrat, dann kreischten zwar die Leute wie bei den Auftritten seiner einstigen Hamburger WG-Mitbewohner Udo Lindenberg und Marius Müller-Westernhagen. Bei Otto aber kreischten sie vor Lachen; Glück für ihn, dass das so geplant war. Zu Beginn seiner ersten im Fernsehen ausgestrahlten »Otto-Show« am 27. August 1973 kündigte er mit sanfter, fast schüchterner Stimme »Folklore und Protestlieder aus aller Welt« an – zum Auftakt ein »Protestlied gegen die Unterarmnässe«. Es blieb bei der Ankündigung, die nächsten Witze drängten schon nach. Noch wichtiger für Ottos Karriere als das Fernsehen waren seine mit Elefantenbildchen übersäten Alben, welche die Kinder, für die die Otto-Shows im Fernsehen zu spät liefen, monatelang auf dem Plattenteller rotieren ließen – um dann

die Kunde von Susi Sorglos und ihrem flunkernden Föhn, vom Oberkellner Patzig und vom identitätsgestörten Robin Hood, Beschützer von Witzen und Weizen, auf dem Pausenhof zu verbreiten. Manche dieser Kinder, die Ottos Platten auswendig kannten, wurden später selbst Komiker wie Michael »Bully« Herbig. Wo der Erwachsenenhumorist Loriot in seinen Sketchen ein von den Achtundsechzigern weitgehend unversehrtes Bürgertum an den eigenen Konventionen verzweifeln ließ, entzückte Waalkes als postideologische Ein-Mann-Spaßguerrilla auch die Halbstarken und jene, denen selbst die Pubertät noch ferner Traum war; die die sexuelle Konnotation seiner Scherze kaum verstehen, sehr wohl jedoch spüren konnten. Ohne dieses Publikum wäre »Otto – Der Film« (1985) nicht der mit 14,5 Millionen Zuschauern (Bundesrepublik und DDR) erfolgreichste deutsche Kinofilm seit Beginn offizieller Zählung geworden. Einmalig an Waalkes sei dessen »Präsenz, seine nicht von der Welt seiende Erscheinung«, rühmte ihn der Dichter Robert Gernhardt. Mit seinen Kollegen Bernd Eilert und Pit Knorr lieferte Gernhardt die besten Texte und den intellektuellen Überbau für den Volkskomiker Waalkes, der zum deutschen König der Komiker wurde, von dem – wie es sich gehört bei Königen von Ludwig bis ➡ Elvis – alles nur noch mit dem Vornamen sprach. Dabei hat Otto nie Schwächere verletzt, sondern Autoritäten veralbert, die den Deutschen einst hoch und heilig waren – vom heimischen Schlager bis zum Priester. Als »Lockerungsübung« hat Waalkes sein Treiben bezeichnet; heute ist die gesellschaftliche Verklemmung der totalen Enthemmung gewichen. Auch deshalb wirkt Otto heute wie aus der Zeit gefallen und muss sich wieder und wieder fragen lassen, wie lange er noch mit denselben ollen Kamellen auftreten wolle. »Mit neuen Witzen erfolgreich zu sein, ist einfach«, antwortet er dann. »Die Kunst besteht darin, die Leute mit den alten Sachen immer noch zum Lachen zu bringen.«

Seltsamerweise gelingt ihm das auch. Und jenen, die ihn dazu drängen, mit seinen über sechzig Jahren endlich die Maske des aufgedrehten Clowns abzulegen, entgegnet er treuherzig: »Leider verbirgt sich hinter der Maske des aufgedrehten Clowns nur ein notorischer Spaßmacher.«

Robert Pattinson

Geboren: 13. Mai 1986 bzw. 20. Juni 1901 (als Vampir Edward Cullen)
Populär seit: 17. November 2008
Bei: Mädchen (11–29 Jahre)
Besonderes Kennzeichen: Blasser Teint
Typisches Zitat: »Ich will nur eins: dich beschützen.«

Es hat schon seine Richtigkeit, dass von allen klassischen Horrorgestalten der Vampir und niemand anderes ein bemerkenswertes Comeback als Teenie-Idol hat feiern dürfen. Wer hätte es sonst sein sollen: Frankensteins Monster? Zu hässlich. Die Mumie? Unvorteilhaft gekleidet. Der Zombie? Sieht so aus, als röche er streng. Der Unsichtbare kam erst recht nicht in Frage. Außerdem: Unsichtbar fühlt sich der durchschnittliche weibliche Teenager an schlechten Tagen schon selbst, wenn der Traumtyp mal wieder ohne Seitenblick an ihm vorbeigestiefelt ist. Die anderen, durchschnittlichen männlichen Teenager wiederum sind wie eine Mischung aus Monster, Mumie und Zombie: sehen doof aus, tragen blöde Klamotten und riechen schlecht. Wie strahlend ist dagegen Edward Cullen, der Vampir: bronzefarbenes Haar, goldene Augen, marmorweiße Haut und allerbeste Manieren, wie sie keinem normalen 17-jährigen zu eigen sind; allerdings hat der auf ewig milchgesichtige Edward in Wahrheit über hundert Jahre auf dem Buckel und also schon einiges lernen können darüber,

was Frauen wirklich wollen. Das aber scheint, nimmt man den exorbitanten Erfolg der Bücher und Filme aus Stephenie Meyers »Twilight«-Reihe zum Maßstab, etwas ganz Traditionelles zu sein: einen Beschützer und Gentleman, der Liebesschwüre auf der Blumenwiese haucht. Zugeflogen war dieses unwahrscheinliche Geschöpf der Autorin, wie sie behauptet, in einem Traum, den sie aber nicht als Teenager, sondern als 29-jährige Hausfrau und Mutter hatte. Zwei Jahre später hatte sie einen Weltbestseller geschrieben, dem drei weitere Bände und Verfilmungen folgten, welche die Vampir-Hysterie noch steigerten. Als erwachsener Mensch kann man die Handlung der Bücher, die bei uns *Bis(s) zum Morgengrauen* oder *Bis(s) zum Ende der Nacht* heißen, für eine auf 2500 Seiten aufgeblähte *Bravo*-Foto-Lovestory halten, in der es jedoch weit züchtiger zugeht als in einem Brief an Dr. Sommer. Zwischen dem Menschenmädchen Bella Swan, Identifikationsfigur auch für hässliche Entlein, und dem Vampir-Boy Edward kommt es lange Zeit nicht mal zum Kuss, weil der auf Tierblut umgestiegene Beißer seine Bella nicht zur Untoten machen möchte. Zugeschnappt wird dann erst nach der Hochzeit: eine recht plumpe Metapher für die prüde Sexualmoral der Meyerschen Glaubenslehre, denn mit Hormonen haben die Mormonen es nicht so. Sowohl Edward-Darsteller Pattinson als auch seine Kollegen Kristen Stewart (Bella) und Taylor Lautner (Muskel-Werwolf Jacob) zeigen in Interviews allerdings gesunde Distanz zu ihren Rollen, und auch die Transparente der Twilight-Fans (»Beiß mich, Rob!«) deuten auf keinen neuen pubertären Keuschheitswahn hin. Ob sich aus der im Prinzip abgeschlossenen Vampirsaga noch mehr Blut saugen lässt, weiß nur Stephenie Meyer. Genug Spielraum, was deutsche Titel angeht, ist jedenfalls da: Frei wären noch »Bis(s) zum Gehtnichtmehr«, »Bis(s) einer heult« oder »Bis(s) zum bitteren Ende«.

Harry Potter

Geboren: 31. Juli 1980
Populär seit: 1997
Bei: Kindern, Eltern, Großeltern (8–78 Jahre)
Besondere Kennzeichen: Blitzförmige Narbe auf der Stirn, Nickelbrille
Typisches Zitat: »Ich suche keinen Ärger. Meist findet der Ärger mich.«

Der Knabe mit der Brille gehört zu den klassischen Charakteren der Kinder- und Jugendliteratur. Oft dargestellt als körperlich schwächlich und als Streber, kommt er dort jedoch über Nebenrollen praktisch nie hinaus – ein Schicksal, das er teilt mit dem kleinen Dicken, der immer Hunger hat. Die Stars der Bücher hingegen sind meist die Sportskanonen. Harry Potter aber, der, wie schon auf den Buchcovern unübersehbar ist, eine runde Nickelbrille trägt, ist nicht nur eine Hauptfigur, sondern ein Held – wenn auch eher wider Willen. Und er ist, obgleich von zarter Statur, selbst eine Sportskanone, zumindest in dem unter Menschen – Pardon: unter Muggels – eher unpopulären Ball- und Besensport Quidditch. Das Selbstwertgefühl etlicher kleiner Brillenschlangen gestärkt zu haben ist unter den Heldenstreichen des Zauberschülers aber noch einer der geringsten. Als sein Meisterstück gilt, dass er mindestens eine Generation von Kindern, insbesondere Jungen, die man längst an die diversen Bildschirme verloren glaubte, wieder vor die Buchseiten gebannt hat. Diese Erstleser kamen in den Genuss eines Privilegs, das nur wenigen jungen Menschen vergönnt ist: Sie durchlebten Seite an Seite mit ihrem Helden die Pubertät: Im ersten Band ist Harry 11, im siebten und letzten ist er 17 . Auch die Bücher selbst und ihre Verfilmungen wurden stetig erwachsener, düsterer und dramatischer. Der Harry-Kinodarsteller Daniel Radcliffe schließlich reifte vom Knaben zum Manne, der sich heute nackt auf Londons Theaterbühnen traut – und doch, auch seiner Körpergröße von 1,65 Meter wegen, auf ewig der kleine Harry zu bleiben droht. Vordergründig scheint die Geschichte des Waisenknaben, der bei grausamen Pflegeeltern aufwächst, bevor er auf das Zauberer-Internat Hogwarts wechselt und von seiner Bestimmung als Auserwählter erfährt, eine Mischung aus *Oliver Twist*, dem *Herrn der Ringe* und *Hanni und Nanni*. Doch die Autorin Joanne K. Rowling, die sich den Plot in einem verspäteten Zug von Manchester nach London ausgedacht haben will, schuf ein monumentales Epos der Adoleszenz, wie es ihr so schnell niemand nachmachen wird. Die von ihr so akribisch wie phantasievoll konstruierte Zauberwelt ist für sie »nichts als ein sehr verzerrtes Abbild der Wirklichkeit«. Im Potterschen Paralleluniversum kommuniziert man über Kamine, verschickt Posteulen statt E-Mails und fühlt sich von unsichtbaren Mächten bedroht – wobei das Böse dort mit Lord Voldemort immerhin einen Namen hat, während wir noch nicht wissen, welcher Terrorist oder Banker uns in den nächsten Abgrund schickt. Wie gut, dass auch in unserer Welt offensichtlich magische Kräfte wirken: Man darf es zweifellos eine zauberhafte Wendung nennen, wenn eine alleinerziehende Sozialhilfeempfängerin wie Joanne K. Rowling zur reichsten Schriftstellerin der Welt wird, deren geschätztes Vermögen selbst das der Queen übersteigt.

Unser Sandmännchen

Geboren: 22. November 1959
Populär seit: 22. November 1959
Bei: Jungen und Mädchen (3–6 Jahre)
Besonderes Kennzeichen: Spitzbart
Typisches Zitat: »Nun schnell ins Bett und schlaft recht schön.«

Seit mehr als fünfzig Jahren ist es Abend für Abend im Einsatz für unser Land – doch von Amtsmüdigkeit ist beim Sandmännchen nichts zu spüren. Bundespräsidenten, Ministerpräsidenten, Spitzenbeamte werfen das Handtuch, der oberste Einschlafbeauftragte der Republik aber bleibt auf dem Posten. Den Spitzbart stets adrett getrimmt und immer tadellos gekleidet, verrichtet er eifrig seinen unschätzbaren Dienst, was nicht selten beschwerliche Auslandsreisen bedeutet, Weltraumflüge eingeschlossen. Sein Fuhrpark umfasst 300 verschiedene Fortbewegungsmittel, darunter Planierraupen, Surfbretter, Solarmobile, Rikschas und Raddampfer. Auf seinen schmalen Schultern schleppt der kleine Kerl schwerste Sandsäcke. Klagen aber hat man von ihm nie gehört, allein schon deshalb, weil er bis unlängst gar nicht sprechen konnte; ist ohne Mund ja auch recht schwierig. Geboren wurde das unmündige Sandmännchen nicht von ungefähr in der DDR, deren Führung ja geübt darin war, dem Volke Sand in die Augen zu streuen. In weniger als drei Wochen hatte der Puppentrick-Meister Gerhard Behrendt die Figur

entwickeln müssen, nachdem man davon Wind bekommen hatte, dass der Westen einen Fernseh-Sandmann bastelte. Tatsächlich kam Genosse Sandmann mit seinem Sendestart am 22. November 1959 dem kapitalistischen Konkurrenten nicht nur eine Woche zuvor, sondern erfüllte auch das von der Programmdirektion vorgegebene Plansoll, »anziehender zu sein« als der Klassenfeind. Der Schlüsselreiz zum Erfolg war das 1960 perfektionierte Kindchenschema: Mit ihren treuen Knopfaugen, der niedlichen Nase und dem fehlenden Mund ließ die DDR-Puppe ihren Westbruder verdammt alt aussehen, der mit rundem Bart und Schiebermütze sowieso mehr wie ein alter Seebär wirkte. Nicht einmal seinen an Walter Ulbricht erinnernden Spitzbart nahm das östliche Fernsehvolk seinem Sandmännchen übel. Der Zuschauerprotest verhinderte, dass es mit der Wiedervereinigung vom Bildschirm verschwand; mit seinem behüteten Vetter, dem Ampelmännchen, zählt es zu den ganz wenigen Wendegewinnern aus dem Osten. Heute ist es Kika-Quotenkönig und gerade bei den Allerkleinsten sehr beliebt – wobei nicht verschwiegen werden soll, dass seine öffentlichen Auftritte eine gewisse einschläfernde Wirkung haben. Eines aber hat das Sandmännchen in all den Jahrzehnten nicht gelernt: Bis heute kommt es jeden Tag ein paar Minuten zu früh und muss sich erst noch den Abendgruß anschauen, kleine Filmchen mit Kobold Pittiplatsch und Co. 2010 bei seinem ersten Kinoauftritt dann die Sensation: Erstmals zeigte es sich mit einem Mund und irritierte Kinder wie Eltern mit der sonoren Stimme Volker Lechtenbrinks.

Michael Schumacher

Geboren: 3. Januar 1969
Populär seit: 1991
Bei: Männern (6–76 Jahre)
Besonderes Kennzeichen: ein Kinn auf Pole-Position
Typisches Zitat: »Du musst manchmal brutal sein, auch zu dir selbst, wenn du im Wettbewerb stehst.«

Trügt der Schein, oder hat der Hang unserer Sportreporter tatsächlich nachgelassen, unsere Spitzenathleten permanent regional zu verorten? Allzu häufig jedenfalls glauben wir es nicht zu hören, »der Erbacher« für Timo Boll, »die Garmisch-Partenkirchnerin« für Maria Riesch oder für Bastian Schweinsteiger »der Kolbermoorer«. Wie anders war das in den achtziger und neunziger Jahren: Sie waren omnipräsent, »die Brühlerin« und »der Leimener« (➡ Boris Becker). Und natürlich »der Kerpener«. Dabei hätte es in Wahrheit ein ganz anderer sein müssen, nämlich »der Hürth-Hermülheimer«, denn in Hürth-Hermülheim nahe Köln wurde Michael Schumacher geboren. Das hätte aber keiner ständig schreiben oder aussprechen wollen, und »der Kerpener« geht schon in Ordnung – ist »Schumi« doch auf der Kartbahn Kerpen-Manheim praktisch aufgewachsen. Sein Vater war dort Bahnwart, seine Mutter betrieb im Clubheim den Imbiss; der Weg der Brüder Michael und Ralf war damit vorgezeichnet. Auf alten Fotos trägt Michael einen dünnen Schnurrbart, und mental hat er den nie abgelegt: Wo andere Sportstars Glamour verbreiten, war Schumacher der Rennbeamte, der Punkt für Punkt alle Schwachstellen an Wagen und Körper abarbeitete, bis er den nächsten Grand-Prix-Sieg zu den Akten legen konnte. 91 Siege waren es bis zu seinem Rücktritt 2006, 76 schnellste Runden und unerreichte sieben WM-Titel. Ein Weltstar, zweifellos, doch zum Volkshelden ist Schumacher nicht geworden. Vermutlich, weil er zu selten Emotionen zeigte, und wenn, dann die falschen; manch Konkurrent flog dann nach einer unsanften Begegnung mit seinem Ferrari von der Piste (Schumacher: »Ich bin nicht gemein, ich bin nicht hinterhältig, sondern ich gehe ganz bewusst in alle Grauzonen hinein.«). Ein Leben abseits der Rennbahn hat der Familienvater gewiss auch geführt, geredet aber hat er stets nur über sein »nervöses Heck« oder den »famosen Doppeldiffusor«. Eine solche Unfähigkeit zum Menscheln ist in unserer intimitätsgeilen Mediengesellschaft fast schon wieder sympathisch, aber leider nur fast. Die Leute, klagte Schumacher einmal, liebten jene Sportler am meisten, die – ganz anders als er selbst – nach langen erfolglosen Jahren erst ihre Siege einfuhren. Vielleicht ist also sein verblüffendes Comeback mit 41 Jahren als Schrei nach Liebe zu verstehen: Mit seinem Mercedes schließlich fährt der Motorsportmethusalem den jüngeren Gegnern meist so hoffnungslos hinterher, dass er endlich richtig menschlich wirkt.

SpongeBob Schwammkopf

Geboren (als SpongeBob SquarePants): 14. Juli 1986
Populär seit: 1. Mai 1999
Bei: Kindern und Erwachsenen, tendenziell männlich (5–45 Jahre)
Besonderes Kennzeichen: Gelber, rechteckiger Körper, Überbiss
Typisches Zitat: »Ich bin bereit!«

Schwämme (Porifera, Spongiaria) zählen zu den niederen Tieren. Sie haben kein Nervensystem, keine Muskeln, keine Sinneszellen und keine Organe, ernähren sich durch Filtration und sind meist Zwitter. Und nicht nur, weil sie kein Hirn haben, hätten sie niemals damit rechnen können, dass ausgerechnet einer der ihren einmal zum größten Star des Kinderfernsehens aufsteigen würde, wo sich sonst die niedlichen Hündchen und Mäuschen tummeln. Genau das jedoch ist mit SpongeBob Schwammkopf geschehen, obgleich der selbst für einen Schwamm ausgesprochen hässlich geraten ist: Glubschaugen mit strahlenförmigen Wimpern und ein Mund mit zwei hervorstehenden Zähnen in einem knallgelben Kopf, der halslos in den kastenförmigen Körper übergeht, an dem winzige Ärmchen und Beinchen hängen. Doch wie schon »Die Simpsons« (➡ Bart Simpson) bestätigt auch »SpongeBob Schwammkopf«, dass die am wenigsten »schön« gezeichneten Cartoonserien oft die besten sind. Ausgedacht hat sich den Schwamm mit dem Amerikaner Stephen Hillenburg

tatsächlich ein gelernter Meeresbiologe, was sich in der 1999 gestarteten Serie aber kaum widerspiegelt – werden in SpongeBobs Unterwasserwelt Bikini Bottom doch so gut wie alle meeresbiologischen und auch sonstigen Gesetze auf den Kopf gestellt. Der Held lebt in einer Ananas, hält sich als Haustier eine miauende Schnecke namens Gary und verdingt sich als Burgerbrater (Achtung, Lektorat: nicht als Bürgerberater!) im Fast-Food-Lokal »Krosse Krabbe«, das einer extrem geizigen Krabbe gehört, deren Tochter ein Pottwal ist. SpongeBobs beste Freundin ist das Grauhörnchen Sandy, aber weil das ja total unrealistisch wäre, ein Grauhörnchen unter Wasser, läuft Sandy mit einem Astronautenhelm herum. SpongeBob selbst liebt seinen miesen Job und ist auch sonst permanent gut drauf, was vor allem seinem miesepetrigen Tintenfischnachbarn Thaddäus Tentakel unheimlich ist. Thaddäus ist für den liebenswert infantilen SpongeBob, was Bert für Ernie ist (➡ Ernie und Bert): eine Erwachsenenfigur, die dem kindlichen Geist und dem Irrsinn, den er gebiert, nie gewachsen ist. Fröhliche Anarchisten wie der Schwamm selbst sind auch die Macher der Serie: In einer Episode, in der SpongeBob und sein tumber Kumpel Patrick Seestern Gefangene auf der Galeere des Fliegenden Holländers sind, öffnet sich plötzlich eine Fluchttür, die, oh Schreck!, in die – reale – Parfumabteilung eines Kaufhauses führt: In Zeitlupe hasten die beiden Trickfiguren durch die Echtwelt, wo sie an den von schönen Damen versprühten Düften fast zugrundegehen. Solche Ideen haben die Serie auch beim älteren Publikum extrem populär gemacht und ihr den Weg ins Abendprogramm geebnet. Auch Barack Obama hat sich als Fan geoutet, und im Internet widmen sich ganze Enzyklopädien dem schwammigen Universum. Heiße Fragen wie jene, ob SpongeBob und Patrick womöglich homosexuell sind, werden hier behandelt (➡ Ernie und Bert). 200 Folgen sind bald gedreht, ein Ende ist nicht in Sicht; schließlich können

Schwämme – Pech gehabt, Thaddäus! – gut und gern 10 000 Jahre alt werden. Selbst wenn er mittlerweile zur gelben Merchandising-Pest mutiert ist, gibt der Siegeszug des Schwammes mit dem reinen Herzen und dem sonnigen Gemüt in unserer zynischen Welt Anlass zur Hoffnung. Und zwar auch für andere Lebewesen, die sich eher fernab des Massengeschmacks bewegen: Silberfische, Nacktmulle, Kolibakterien oder Filzläuse dürfen nun davon träumen, auch einmal in ihrer eigenen Fernsehserie groß rauszukommen.

Colt Seavers

Geboren: 23. April 1939 (Lee Majors)
Populär seit: März 1983
Bei: Jungs (10–18 Jahre)
Besonderes Kennzeichen: Zigarre im Mundwinkel
Typisches Zitat: »Was haben Sie vor?« – »Das weiß ich selbst noch nicht!«

Für viele Helden der Populärkultur ist die Verbrecherjagd nur willkommene Abwechslung von ihrem Hauptberuf, der sie offenbar wenig ausfüllt – von Pater Brown bis zu jener Krimi-Autorin, von der es heißt, dass »Mord ihr Hobby« sei. Auch Colt Seavers, Held der Fernsehserie »Ein Colt für alle Fälle«, übte eine Tätigkeit aus, die allein ihm wohl zu öde schien: Er war Stuntman in Hollywood. Zum »Fall Guy« oder auch Prügelknaben, wie sich der amerikanische Originaltitel der Serie übersetzen lässt, wurde Seavers aber durch seinen Zweitjob: Für die Justiz spürte er Leute auf, die eines Verbrechens angeklagt, aber auf Kaution freigelassen worden waren und sich prompt abgesetzt hatten. Auf diese Idee kamen dermaßen viele, dass es für 112 Episoden reichte, durch die Colt sich prügelte – wobei stets genug Zeit blieb, um Sprüche zu klopfen oder seinen Pickup zu Schrott zu fahren. Einen »der sympathischsten Draufgänger Amerikas« nannte sich Seavers zu Beginn der Serie, und ohne diese Mischung aus Größenwahn und Selbstironie hätte das Ganze nie funktioniert. Kreativer Kopf hinter der Actionserie, die in Amerika 1981 und bei uns zwei Jahre später im ZDF startete, war der Vielproduzierer Glen A. Larson, der auch »Magnum«, »Quincy«, »Buck Rogers« oder »Knight Rider« (➡ David Hasselhoff) ins Fernsehen brachte. Dem knautschgesichtigen Lee Majors als Colt zur Seite stand sein Cousin Howie, von ihm nur »Kleiner« genannt, obwohl er ein recht großer Tollpatsch war. Und dann war da noch die Frau, die weniger dramaturgisch als vielmehr ästhetisch eine Rolle spielte: Colts Freundin Jody Banks, die ständig Gelegenheit erhielt, knapp bekleidet herumzulaufen. Stunts hin, Autorennen her – den größten Adrenalinstoß dürfte den jungen Zuschauern jener Moment beschert haben, in dem Jody im hellblauen Mini-Bikini durch eine Schwingtür tritt. Eine Szene, die aufgrund ihrer Beliebtheit in jedem Vorspann auftauchen durfte. »Mir war natürlich klar, welche Funktion ich in der Serie hatte«, sagte Jodys Darstellerin Heather Thomas, die zum populärsten Postergirl der Prä-Pamela-Anderson-Ära (➡ Pamela Anderson) avancierte; zum Entsetzen aller deutschen Jungs sollte sie später eine Affäre ausgerechnet mit dem Schlagersonderling Christian Anders beginnen. 1998 beendete Heather Thomas, die zeitweise Kokain und Heroin nahm, ihre Schauspielkarriere. Inzwischen betätigt sie sich als Aktivistin, die liberale Politiker fördert. Kollege Douglas Barr (Howie) ist heute Winzer. Lee Majors, mit bürgerlichem Namen Harvey Lee Yeary, ist noch immer Schauspieler; in einem Auto-Werbespot durfte er kürzlich noch einmal dem guten alten Colt seine Reverenz erweisen, nur dass er sein Fahrzeug diesmal nicht wie früher über die Hindernisse hüpfen ließ, sondern einfach drum herum lenkte. Mit »The Unknown Stuntman« sang Majors seinerzeit auch den Titelsong der Serie, der es auf einen beachtlichen Platz 11 der deutschen Charts schaffte – was Majors nicht weniger irritierte als der Erfolg von David Hasselhoff. »Ich glaube«, so sein Urteil über die Deutschen, »die haben da drüben einfach nicht viel Ahnung von Musik.«

Bart Simpson

Geboren: 1. April 1982 oder irgendwann in den Neunzigern, auf jeden Fall ist er immer 10 Jahre alt
Populär seit: 19. April 1987
Bei: Kindern und Erwachsen (8–58 Jahre)
Besonderes Kennzeichen: Gelbe Haut, neun Zacken auf dem Kopf
Typisches Zitat: »Ay, Caramba!«

Das ist der Satz, mit dem sie es ihm heimzahlen könnten. All die gepiesackten kleinen Streber, die hilflosen Lehrer und die anderen verspotteten Autoritätspersonen, sie müssten nur diese eine Wahrheit aussprechen, die für einen 10-jährigen schier unerträglich ist: dass er, Bart Simpson, wie ein Mädchen spricht. Tatsächlich ist seit dem ersten Fernsehauftritt der »Simpsons« (1987 als Pausenfüller in der »Tracey Ullman Show«) sowohl in seiner Heimat Amerika als auch hierzulande jedes Mal, wenn Bart den Mund aufmacht, eine Frau zu hören: Ihn von einem Jungen sprechen zu lassen, wollten die »Simpsons«-Macher nicht riskieren. Wegen seines Stimmbruchs hätten sie ihn, falls die Serie länger laufen sollte, austauschen müssen. Niemand aber konnte ahnen, dass die 1989 gestartete Cartoon-Serie um die gelbe White-Trash-Sippe zur am längsten laufenden Sitcom aller Zeiten würde; nicht einmal ihr Erfinder Matt Groening selbst, der die fünf Simpsons einst binnen einer Viertelstunde im Vorzimmer eines Fernsehproduzenten – ja, man kann es so sagen, hingerotzt hatte. Um Schönheit aber war es Groening nie gegangen, eher um Wahrhaftigkeit. Längst ist es Common Sense, dass es sich bei der Fernsehserie, die für Kinder als lustiger Zeichentrickspaß funktioniert, um ein großes Epos handelt, um eine subversive, mit Zitaten der Pop- wie der Hochkultur gespickte Satire, in der Stephen Hawking, Thomas Pynchon oder Tony Blair ihren Figuren selbstverständlich die eigene Stimme leihen. Größter Star war anfangs Bart, die einzige Hauptfigur, die Groening nicht nach einem Mitglied seiner eigenen Familie benannt hatte. Bart, dessen Name phonetisch nicht von ungefähr an »Brat« (Balg) erinnert, reckt schon auf dem Ultraschallbild dem Doktor den Allerwertesten entgegen, ist der größte Skateboard-Rowdy des fiktiven Orts Springfield, aber auch ein versierter Autofahrer (und Führerscheinfälscher); während seine jüngere Schwester Lisa hochbegabt ist (➡ Wickie), schlägt Bart nach seinem grenzdebilen Vater Homer, den er nur beim Vornamen nennt und auch sonst zur Weißglut treibt – mehrmals in jeder Staffel versucht Homer in einem Wutanfall, Bart zu erwürgen, bislang erfolglos. Auf dem Gipfel der Bartmania wurden täglich eine Million T-Shirts mit seinem Gesicht verkauft; als 10-jähriger Knabe war er natürlich auch der Lieblings-Simpson ➡ Michael Jacksons, der für ihn den Rap-Hit »Do the Bartman« schrieb. Kein Fan war der frühere Präsident George Bush Senior, der Amerikas Familien aufforderte, sie sollten mehr wie die Waltons sein, nicht wie die Simpsons. Während jedoch der brave John-Boy und die Seinen nach neun Jahren und 221 Folgen das Zeitliche segneten, nähern sich Balg Bart und seine dysfunktionale Sippe nach mehr als 20 Jahren Folge 500. Gealtert ist Bart dabei nicht, was für ihn auch böse Folgen hat: 22-mal die vierte Klasse wiederholen zu müssen, das hat selbst ein Bart Simpson nicht verdient.

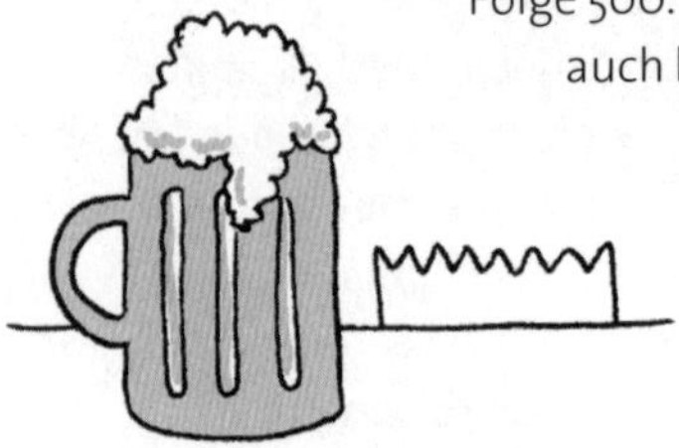

Han Solo

Geboren: 29 VSY/6 NGR (Quelle: Jedipedia)
Populär seit: 1977
Bei: Männern und Frauen (8–68 Jahre)
Besonderes Kennzeichen: Der Riesenaffe neben ihm
Typisches Zitat: »Ich weiß, Sie mögen mich, weil ich ein Schurke bin. Es gab leider nicht genug Schurken in Ihrem Leben.«

Eigentlich ist Luke Skywalker der Held der ersten drei »Star Wars«-Filme, die im Handlungsverlauf tatsächlich die letzten drei sind. Die attraktivste Rolle aber ist es nicht gerade. Als Luke läuft das blonde Milchgesicht Mark Hamill mit ernster Miene im weißen Judoanzug herum, muss sich von einer winzigen Schrumpelgreis-Puppe mit Riesenohren und Grammatikschwäche belehren lassen (»Viel zu lernen du noch hast«) und traut sich nicht, die flotte Prinzessin Leia anzubaggern (was letztlich aber auch gut so ist, weil sie sich als seine Zwillingsschwester erweist). Von ganz anderem Kaliber ist schon Han Solo. Der Schmuggler vom Volk der Correlianer ist ein Haudrauf und Sprücheklopfer, der den Rebellen seine Dienste und die seines Raumschiffs Millenium Falcon allein aus pekuniären Gründen anbietet und eher wider Willen zum Helden wird. Auf so einen Bad Boy fahren logischerweise auch die Frauen ab, weshalb es nicht der brave Luke, sondern Han Solo ist, dem Prinzessin Leia

schließlich ihr »Ich liebe dich« entgegenhaucht – was er mit einem trockenen »Ich weiß« kommentiert. Dabei hatte sich Solo-Darsteller Harrison Ford beim »Star Wars«-Vater George Lucas vor dem Dreh noch über die Dialoge beschwert: »Diesen Mist kann man schreiben, George, aber ganz sicher nicht sprechen.« Al Pacino, Nick Nolte, Christopher Walken und Burt Reynolds sahen das offenbar ähnlich, denn sie alle sollen die Rolle abgelehnt haben. Also erinnerte sich Lucas an den jungen Hobby-Tischler, der ihm daheim ein paar Schränke eingebaut hatte, und besetzte Harrison Ford. Der hat Han Solo später als »sehr limitierten Charakter« bezeichnet, als komödiantische Kontrastfigur zu den Märchengestalten um ihn herum. Doch Ford erwies sich als richtige Wahl. Er wirkte – was komisch klingt bei einem Weltraum-Film – geerdet. Und es gelang ihm, in jeder Situation seine Würde zu bewahren, was gar nicht einfach war in der extraterrestrischen Muppet-Show: Neben Solo saß als Copilot ein 2,28 Meter langer Zottelaffe, sein Geschäftspartner war eine adipöse Riesenechse, die ihn in einem Karbonit-Block einfror, und schließlich landete er auch noch im Land der Teddybärchen, die hier Ewoks hießen. 20 Milliarden Dollar soll die gesamte »Star Wars«-Reihe erwirtschaftet haben, der Profit der Schauspieler hielt sich in Grenzen. Leia-Darstellerin Carrie Fisher versank eine Zeitlang im Drogensumpf und schreibt heute Drehbücher, Mark Hamill synchronisiert Trickfilme und Videospiele; Karriere-Höhepunkt nach »Star Wars« war für ihn sein Auftritt in einer »Simpsons«-Folge (➡ Bart Simpson). Einzig der Mann, dessen Figur nicht von ungefähr den Namen Solo trug, blieb im Filmgeschäft ganz oben und konnte als Indiana Jones seinen »Star Wars«-Erfolg noch toppen. Und während er trotz seiner gut siebzig Jahre überlegt, noch einmal als Indy auf die Leinwand zurückzukehren, dürfte es ein Comeback als Han Solo nicht geben. George Lucas sieht das ähnlich. Er hat eine Fortsetzung unter anderem deshalb ausgeschlossen, weil die »Star Wars«-Figuren inzwischen alle »total langweilige Typen« seien: »Han Solo sitzt halt so rum und trinkt Bier und schaut sich Fußballspiele im Fernsehen an. Völlig uninteressant.«

Britney Spears

Geboren: 2. Dezember 1981
Populär seit: 1999
Bei: Mädchen und Jungen (6–17 Jahre), Männern (20–50 Jahre)
Besonderes Kennzeichen: Langes blondes Haar (1981–2011), Glatze (Februar 2007)
Typisches Zitat: »Oops ... I Did It Again.«

»Like a Virgin« sang einst ➡ Madonna, der niemand abgenommen hätte, tatsächlich eine zu sein. Britney Spears aber behauptete genau das, bis sie 22 war, und anfangs hätte man ihr durchaus glauben können: Ihr Alltag schließlich war seit frühsten Kindertagen derart vollgepackt mit Gymnastikunterricht, Tanzstunden, Kirchenchor und Talentwettbewerben, dass ihr für anderes kaum Zeit geblieben sein kann. Mit neun Jahren war Britney mit ihrer Mutter aus einem Südstaatenkaff nach New York gezogen, um ihre Showbiz-Karriere anzukurbeln – nachdem sie zuvor beim Casting für die Moderation der Kindersendung »Mickey Mouse Club« für zu jung befunden wurde. Zwei Jahre darauf landete sie doch noch dort, und welche Karriere sie und ihre Co-Moderatoren Christina Aguilera und Justin Timberlake danach machen sollten, muss Tränen in die Augen aller deutschen Kinderfernsehstars treiben, die froh sein können, wenn sie später mal in einer Soap mitspielen dürfen (➡ Thomas Ohrner). Britneys Durchbruch kam 1999 mit dem Album »Baby One More Time«, dem meistverkauften Debüt einer Künstlerin in Amerika, und der gleichnamigen Single, deren Video die Sängerin mit Zöpfen und in sehr knapper Schulmädchenuniform beim Hüpfen über den Schulkorri-

dor zeigte – zur Freude der jungen Zuschauer und einem guten Teil ihrer Väter. Überhaupt zeigten die Choreographien aller Spears-Videos, dass sie, die angeblich dem Geschlechtlichen strikt entsagte, doch genau wusste, worum es ging. »I'm Not a Girl – Not Yet a Woman«, sang sie 2002 in ihrem Filmdebüt, kein Mädchen mehr, aber noch keine Frau. Wie sollte es anders sein bei einer Sängerin, die von Managern und Produzenten zum perfekten Pop-Produkt getrimmt wurde und zunehmende Reife zu simulieren suchte, indem sie mehr und mehr Kleider ablegte (➡ Miley Cyrus). Der »Welt-Cheerleader des Pop« (*Süddeutsche Zeitung*) war erfolgreichste Vertreterin jener Stars, deren Ruhm nicht auf Genie, sondern auf Fitness und Disziplin beruht. Als beides nachließ, ging es abwärts. Als hätte sie wiederum Rekorde im Sinn, legte Spears einen beispiellosen Absturz hin. Ihre neuen Hobbys – Feiern, Trinken, ohne Höschen aus Autos steigen, Heiraten (die erste Ehe, im Suff geschlossen mit einem Kumpel, wurde nach 55 Stunden annulliert, die zweite hielt zwei Jahre), Kinder kriegen (zwei Söhne im Abstand von einem Jahr) – machten sie zur Alleinernährerin Dutzender Paparazzi. Am Ende trennte sich Britney von ihrer blonden Mähne und ließ sich eine Glatze scheren – emanzipatorischer Akt, Ausbruchsversuch aus dem goldenen Käfig des Ruhms oder einfach eine weitere Schnapsidee. Kurz darauf landete sie in der Psychiatrie und wurde entmündigt. Inzwischen macht sie wieder Musik, steht aber nach wie vor – eher uncool für ein Jugendidol – unter der Vormundschaft ihres Vaters. Ein vertrauter Zustand für sie: kein Mädchen mehr, aber irgendwie auch keine erwachsene Frau.

Bud Spencer

Geboren (als Carlo Pedersoli): 31. Oktober 1929
Populär seit: 1967
Bei: Jungs (6–86 Jahre)
Besonderes Kennzeichen: Bart, Bauch
Typisches Zitat: »Hat dir schon mal einer mit dem Vorschlaghammer den Scheitel gezogen?«

Wir scheinen da was übersehen zu haben. Doch als wir kürzlich ein T-Shirt mit dem Konterfei Bud Spencers entdeckten, ein schattenhaftes Bartgesicht auf rotem Stoff, da fiel uns endlich die Ähnlichkeit auf: Der dicke Neapolitaner wäre glatt als zweiter Che Guevara durchgegangen, hätte er über die Jahre nur nicht so viel Pasta gefuttert. Und ebenso wie der Comandante stürzte sich auch der Kampfklops in jede Schlacht, die bei Spencer freilich unblutig und viel lustiger verlief – ganz abgesehen davon, dass er anders als el Che stets gewann. Als Revolutionär kann man Bud Spencer schwerlich bezeichnen; mit seinem cineastischen Werk formierte er eher die Gegenbewegung zum Love & Peace der Sechziger: Was dem Hippie die Blume im Haar, war dem Buddy die Nuss auf den Kopf. Seine Filme lehrten die Jugend, dass auch ein Underdog im Leben was erreichen kann – jedenfalls dann, wenn er gute 1,90 groß

ist und kräftig zuschlagen kann. Spencer selbst hatte, als er noch Carlo Pedersoli hieß, schon einiges erreicht, war studierter Jurist, Schlagerkomponist und mehrfacher italienischer Schwimmmeister, bevor er mehr oder weniger zufällig ins Filmfach rutschte. Seinen Künstlernamen bastelte er aus seinem Lieblingsbier Budweiser und seinem Lieblingsschauspieler Spencer Tracy – ein guter Geschmack insofern, als es für einen »Heineken Humphrey« oder »Jever Yul« mit dem Starruhm gewiss schwieriger geworden wäre. Im Italo-Western Spencerscher Prägung hagelte es statt Kugeln Kalauer und Keile, aufwendig choreographierte Schlägereien hielten einen Plot zusammen, der meist deutlich dünner war als sein Hauptakteur. Das Prügel-Portfolio des Meisters reicht von der beidhändigen Doppelbackpfeife über den Dampfhammer bis zu »La Bomba«, dem dynamischen Abwerfen von mindestens einer Handvoll Angreifer. Mit seinem Vollbart, dem Kampfgewicht von 156 Kilo und dem brummigen, schlichten Gemüt seiner Filmfigur war Spencer nicht unbedingt ein Frauenschwarm, aber für die gab es ja den blonden Strahlemann Terence Hill. Mehr noch als sein Filmpartner jedoch ist Spencer zur Pop-Ikone geworden. Seine Autobiographie wurde zum Bestseller, und als jüngst Schwäbisch Gmünd mit Hilfe des Internets den Namenspatron für einen Autotunnel suchte, votierten Zehntausende für Bud Spencer. Am Ende wurde nur das Freibad der Stadt nach ihm benannt, was aber auch nicht schlecht ist und ohnehin viel besser passt, Bad Spencer eben. Und kennt irgendjemand irgendwo auf der Welt einen Che-Guevara-Pool?

Spice Girls

Geboren: Geraldine Estelle »Geri« Halliwell, »Ginger Spice«: 6. August 1972, Melanie Jayne Chisholm, »Mel C«, »Sporty Spice«: 12. Januar 1974, Victoria Caroline Beckham, geb. Adams, »Posh Spice«: 17. April 1974, Melanie Janine Brown, »Mel B«, »Scary Spice«: 29. Mai 1975, Emma Lee Bunton, »Baby Spice«: 21. Januar 1976
Populär seit: Juni 1996
Bei: Mädchen (10–20 Jahre) und auch ein paar Jungs
Besonderes Kennzeichen: Union-Jack-Kleid (Geri), Leopardenprint (Mel B), Trainingsanzug (Mel C), Babydoll-Kleidchen (Emma), kleines Schwarzes von Gucci (Victoria)
Typisches Zitat: »Girl Power!«

Brave Mädchen kommen ja angeblich in den Himmel, in den Pop-Himmel aber schaffen sie es nicht. Böse Mädchen jedoch kommen überall hin. Also stürmten die Spice Girls im Video ihrer ersten Single »Wannabe« 1996 eine High-Society-Party, nahmen auf dem Schoß schockierter älterer Herren Platz, »Sporty Spice« Mel C schlug auf dem Tisch einen Flickflack. Kurz darauf war das Video Wirklichkeit geworden: Die fünf britischen Sängerinnen trafen auf Prinz Charles, scherzten mit ihm und drückten ihm Küsschen auf die Wange. Eine von ihnen, Geri Halliwell, zwickte ihn zum Abschied in den Hintern. Hier schien der fröhliche Feminismus der Mädels fehlgeleitet, hätte es doch gewiss lohnendere Ziele gegeben als ausgerechnet Charles. Nelson Mandela, der die Spice Girls bei einem Treffen seine »Heldinnen« nannte, blieb immerhin unbehelligt. Vor allem aber kamen die Girls, von denen ein jedes ein bestimmtes Rollenmodell verkörperte, bei den Mädchen gut an, und das war genauso geplant. 1993 hatten sich die fünf jungen Frauen, die mit Ausnahme Victorias alle der Arbeiterschicht entstammten, in einem Casting für eine Band durchgesetzt, die zunächst Touch getauft wurde und das Gegenstück zu all den Boygroups werden sollte (➡ Robbie Williams). Ihren rebellischen Kern zeigte die Retortengruppe, als sie bald darauf ihre Schöpfer feuerte und sich mit den aus dem Studio gestohlenen Master-Bändern einen neuen Manager suchte: Simon Fuller, der später mit »Pop Idol« die Sendung erfand, die bei uns »Deutschland sucht den Superstar« heißt (➡ Dieter Bohlen); zwei Jahre später feuerten die Spice Girls zum Zeichen ihrer fortschreitenden Emanzipation auch Fuller. Dabei fanden auch die Spice Girls Männer schon irgendwie wichtig, wichtiger aber waren Freundinnen – so die Essenz von »Wannabe«, das in 31 Ländern die Nummer eins wurde und die halbe Welt rätseln ließ, was wohl das im Lied erwähnte »Zigazig-ha« bedeutete (»Was ich wirklich, wirklich will: Zigazig-ha!«). Schon klarer war die Botschaft, die im Schlachtruf »Girl Power« steckte (auch wenn Geris Behauptung, das erste Spice Girl sei Maggie Thatcher gewesen, für Verwirrung sorgte): Man kann frauenbewegt sein und trotzdem scharf aussehen (wie es sich für Gewürzmädchen gehört).

Und dabei richtig viel Kohle machen: Mehr als zwanzig dicke Werbeverträge hatten die Girls auf dem Höhepunkt ihrer Karriere. Erst Jahre später erfuhr man, dass auch die Supermädchenwelt der Spice Girls Zickenkriege (Mel B, Geri) und Essstörungen (Mel C, Geri) kannte. Trotzdem kam die Gruppe 2007 für eine millionenschwere Comeback-Tour zusammen, die sie nach drei Monaten jedoch vorzeitig abbrach – angeblich, weil die zu Frauen gereiften Girls ihre Männer und Kinder zu sehr vermissten; die Vereinbarkeit von Familie und Beruf scheint auch im Popgeschäft ein Problem zu sein, aller Girl Power zum Trotze. Und womit werden die Spice Girls in Erinnerung bleiben? Geri mit ihrem Union-Jack-Kleid, das für 41 000 Pfund versteigert wurde, und den affigen Vornamen ihrer Tochter Bluebell Madonna. Emma mit dem Gerücht, sie sei gar nicht so unschuldig gewesen und habe eine Affäre mit Manager Fuller gehabt. Mel B mit dem Beweis, dass sie es nicht nur scary, sondern auch lustig mag: Sie bekam ein Kind von Eddie Murphy. Mel C, die beste Sängerin der Band, mit ein paar ordentlichen Songs sowie ihrer Kritik an der Freizügigkeit junger Popstars wie Rihanna (hat sie bei ihren Spice-Girls-Auftritten nie nach links und rechts zu ihren Kolleginnen geguckt?). Und Victoria natürlich mit ihrer Glamour-Superstar-Ehe mit David Beckham, dem Mann, der die Metrosexualität in den Fußball einführte. Und mit ihrem immergleichen blasierten Gesichtsausdruck, der aber, wie sie unlängst erklärte, nur Ausdruck ihrer Schüchternheit sei: Sie arbeite jedoch daran – und lerne gerade zu lächeln.

Die Supermodels

Geboren: 10. Mai 1965 (Linda Evangelista), 20. Februar 1966 (Cindy Crawford), 25. März 1966 (Tatjana Patitz), 2. Januar 1969 (Christy Turlington), 22. Mai 1970 (Naomi Campbell), 25. August 1970 (Claudia Schiffer)
Populär seit: Januar 1990
Bei: Männern und Frauen (14–45 Jahre)
Besonderes Kennzeichen: Traummaße
Typisches Zitat: »Für weniger als 10 000 Dollar am Tag stehen wir nicht auf.« (Linda Evangelista)

Ein wenig Recherche und viel Geduld war nötig, aber am Ende hatten wir es geschafft: Vom Balkon aus sahen wir den Mann kommen, der am Buswartehäuschen die Plakate auswechselte. In Windeseile waren wir bei ihm und ersuchten ihn, uns das Objekt unserer Begierde zu überreichen, an dem wir tagtäglich vorbeigegangen waren. Kein Problem, schließlich hatte er ja neue Poster aufzuhängen und konnte uns die alten getrost überreichen. Also hing sie endlich in unserer Wohnung und in der unseres Kumpels: Cindy Crawford in Unterwäsche von H&M. Andere Liebhaber hatten so lang gar nicht warten wollen, weshalb schon seit Tagen diverse Bushaltestellen werbefrei waren. Angeblich waren an manchen Straßen Cindy-Poster auch ganz offiziell entfernt worden, weil man fürchtete, sie könnten Auffahrunfälle auslösen, aber da hatten sich die Bilder bestimmt ein paar Beamte des Verkehrsdezernats gesichert. Normalerweise trug Cindy Crawford natürlich ganz andere Dinge als H&M, so wie alle ihre Kolleginnen, für die man den Begriff »Supermodels« kreiert hatte. Wir sprachen von ihnen, als seien sie unsere Freundinnen, obwohl das jenseits des Vorstellbaren lag: Naomi, Elle, Christy, Cindy. Das Phänomen Supermodel hatte die *Vogue* erschaffen, als sie im Januar 1990 ein Foto Peter Lindberghs aufs Cover setzte, das Cindy Crawford, Linda Evangelista, Christy Turlington, Naomi Campbell und Tatjana Patitz zeigte. Strahlend schöne, stolze Frauen, die keine Modepüppchen mehr sein wollten, sondern echte Persönlichkeiten, die bald prominenter waren als die Marken, die sie am Leibe trugen. Für die Branche bedeutete das: mehr Macht für die Frauen. Die Supermodels bestimmten, mit welchen Fotografen sie welche Kampagnen machen wollten, und sie bestimmten ihren Preis. Den meisten männlichen Fans waren die Kampagnen egal, für sie zählten weniger die Kleider als deren Trägerinnen. Und da war für jeden Geschmack etwas dabei: blond und bieder (Claudia Schiffer), dunkel und gefährlich (Naomi Campbell), üppig und sinnlich (Cindy Crawford), cool und kaputt (Kate Moss). Die Supermodel-Ära jedoch währte nicht lange: Mit jüngeren, preiswerteren Models vorzugsweise aus Osteuropa stellten die Männer die alten Machtverhältnisse wieder her. Den endgültigen Todesstoß versetzte dem Glamourbild des Supermodels eine Kollegin: Seit Heidi Klum in ihrer Fernsehshow »Topmodels« sucht, glauben junge Menschen, als Model müsse

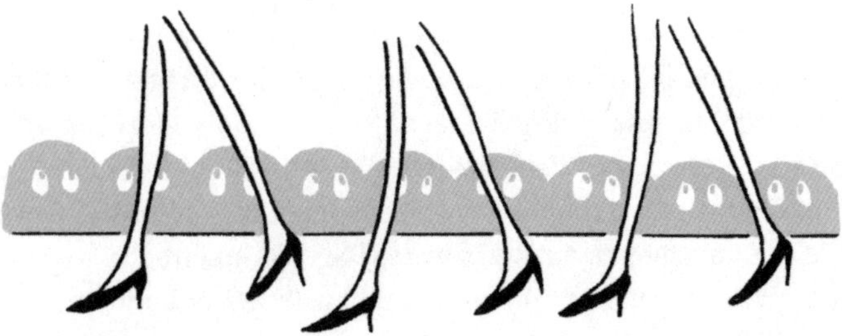

man sich vor allem schikanieren lassen und ständig Vogelspinnen in die Hand nehmen. Die Star-Models der Neunziger sind längst nicht mehr auf den Laufstegen zu sehen, sie haben Familien und designen oftmals selbst. Cindy Crawford etwa hat heute eine Schuhkollektion bei Deichmann – was im Vergleich zu den H&M-Dessous leider nicht halb so sexy ist.

Tokio Hotel

Geboren: 1. September 1989 (Bill und Tom Kaulitz), 31. März 1987, 8. September 1988 (die beiden anderen)
Populär seit: Juli 2005
Bei: Mädchen (10–25 Jahre)
Besonderes Kennzeichen: Schwarze Stachelhaare (Bill, bis September 2011), Rastazöpfe (Tom), totale Unauffälligkeit (die beiden anderen)
Typisches Zitat: »Das Schlimmste, was es für mich geben kann, ist Alltag.« (Bill Kaulitz)

Welche Karriere dieses Zwillingspaar einmal machen würde, das hat niemand ahnen können. Aufgewachsen in schwierigen Familienverhältnissen in der ostdeutschen Provinz, entdeckten beide im Kindesalter ihr musisches Talent: Es zog sie auf die Bühne. Sie wurden Stars, auch wenn ihre Kostüme manchen schockierten, und eroberten auch das Ausland, wo sie sogar höhere Anerkennung genossen als in der Heimat. Und mit vierzig Jahren zogen sich beide für den *Playboy* aus. Wie bitte? Ach so, nein, wir haben gar nicht von Bill und Tom Kaulitz gesprochen. Sondern von Alice und Ellen Kessler: Geboren 1936 in Nerchau (Sachsen), 1952 in den Westen geflohen, 1955 Stars am Lido und später in Italien, wo sie – Mamma mia! – als erste Frauen im Fernsehen ihre Beine präsentierten. Es musste fünfzig Jahre dauern, bis die Kessler-Karrieren – womit wir nun doch bei den Kaulitzens wären – von einem anderen Zwillingspaar getoppt wurden: noch jünger, noch schockierender, noch weltberühmter, von Frankreich über Russland bis nach Amerika und, selbstverständlich, Japan. Den Schneid muss man ja auch haben: seine Band nach der 9-Millionen-Metropole Tokio zu benennen, wenn man selbst aus Loitsche stammt. Loitsche in Sachsen-Anhalt, 650 Einwohner. In dieses Kaff mussten Tom und Bill mit acht Jahren von Magdeburg umziehen; und für die auf dem Weg in die Pubertät ohnehin keimenden Gefühle Angst, Wut, Schmerz und Trotz muss Loitsche ein prächtiger Nährboden gewesen sein. Ihr Stiefvater wird gewusst haben, warum er die beiden ab und an mit Hund und Baseballschläger bewaffnet von der Schulbushaltestelle abholte; vor allem die Vorlieben des bekennenden Exzentrikers Bill – Nena-Lieder (➡ Nena), Manga-Mode und Make-up – teilte die männliche Dorfjugend eher nicht. Und auch Jahre später, als Bill, Tom und zwei andere Jungs, von denen aber keiner spricht, mit Tokio Hotel zur beliebtesten deutschen Musikgruppe geworden waren, hasste niemand sie so sehr wie Nachwuchsmachos. Denn nur für jene stellt die trotz bizarrer Outfits harmlos-liebe Band eine Gefahr dar: Wer mit seinen Hormonen um eine ordentliche Virilität ringt, dem kommt ein androgyner Sänger mit Nagellack, Kajal und Lisa-Simpson-Sternfrisur (➡ Bart Simpson), der sich bei alledem als Hetero bezeichnet, verdammt ungelegen. Die Mädchen freilich umschwärmen beide: sowohl Bill, der treuherzig behauptet, seit seinem Aufstieg zum Star keine Beziehung gehabt zu haben, als auch seinen rastalockigen Aufreißerbruder Tom (manche Mädchen lieben sogar die beiden anderen). Lange nach ihnen haben auch ein paar erwachsene Kritiker zugegeben, dass sie die komischen Kinderrocker ganz gut finden, schon weil sie jetzt wissen, was die Jugend beschäftigt: zerfallene Welten, sterbende Gefühle, zertrümmerte Träume und andere Nettigkeiten, von denen Bill Kaulitz so singt. Die Schule, die Bill und Tom hassten, haben sie jetzt hinter sich, Loitsche sowieso: Weil sie als schlaue Kerlchen ohnehin jede Platte auf Deutsch und auf Englisch herausbringen, sind sie zumindest zeitweise nach Los Angeles gezogen. Wenn das neue Album fertig ist, wird man wieder feststellen dürfen, dass Bill und Tom (die andern beiden fragt nie einer was) hübsch altkluge und oft sehr lustige Interviews geben: »Was würden Sie tun, wenn Sie für einen Tag ein Mädchen wären?« – Bill: »Auf jeden Fall nicht mit meinem Bruder mitgehen.« Und dass Bill mit seinen bei Redaktionsschluss blonden Haaren und dem Dreitagebart zuletzt mehrfach zu einem der aufregendsten Männer (!) gewählt wurde – daran dürften die kleinen Machos wieder zu knabbern haben.

Wickie

Geboren: 1963
Populär seit: 31. Januar 1974
Bei: Jungen und Mädchen (5–12 Jahre)
Besonderes Kennzeichen: Androgyne Erscheinung
Typisches Zitat: »Ja, das ist es! Ich hab' eine Idee!«

Hochbegabte Kinder, sofern ihr Talent nicht erkannt wird, werden von ihren weniger begabten Mitmenschen häufig für Versager gehalten. Weil sie mehr sehen als andere, erkennen sie zum Beispiel auch schneller gefährliche Situationen, sind vorsichtiger und werden dann als ängstlich abgestempelt. Ohne angemessene Förderung drohen solche Kinder im Leben zu scheitern, werden zu Sonderlingen, im schlimmsten Fall gar kriminell. Wobei Letzteres den Vater des hochbegabten Wickie ja überglücklich gemacht hätte: Wenn sein Sohn anständig geraubt, geplündert und gebrandschatzt hätte, also ein echter Wikinger geworden wäre. Dass es dazu nicht kam, lag nicht an dem zu Wikingerzeiten eher kümmerlich ausgebildeten Frühförderstellennetz, sondern einzig am kleinen Wickie selbst: Zur Überwindung seiner Ängste wählte er die Konfrontationstherapie und wies böse Wölfe wie schreckliche Svens in ihre Schranken, wobei ihm nicht sein zarter Körper, sondern sein helles Köpfchen half. Wickies in jeder Fernsehfolge demonstrierte Fähigkeit, sein Hirn durch Nasenreibung zu stimulieren, hat Legionen kleiner Zuschauer zur Nachahmung animiert, leider kaum je erfolgreich. Wickie hingegen erfand stets binnen kürzester Zeit wesentliche Errungenschaften der modernen Zivilisation vom Katapult bis zum

Luftschiff, zu seinem Pech nur nicht das Patentamt. Auch so aber hat sich sein Einsatz für die, die ihm nahestanden, gelohnt: Für seinen geistigen Vater, den Schweden Runer Jonsson, der 1963 das Kinderbuch *Vicke Viking* herausbrachte, ebenso wie für das ZDF, das die Serie »Wickie und die starken Männer« zwischen 1972 und 1974 in Japan produzieren ließ, sowie Jahrzehnte später für »Bully« Herbig, der aus der Cartoon-Serie einen Familienfilm mit echten Schauspielern machte. Das Drama des begabten Kindes wird in Wickies Fall zur Komödie, weil auch jeder der vermeintlich starken Männer unübersehbare Schwächen hat. Allen voran Halvar von Flake, der neben seinem Sohn meist ziemlich doof aus seiner Wikingerwäsche guckt und nur dank Wickies Generosität halbwegs sein Gesicht wahren kann, wenngleich davon hinter Rauschebart und Augenklappe kaum was zu sehen ist. Als ideale Identifikationsfigur für alle Winzlinge, die den Erwachsenen gern mal zeigen würden, wo's langgeht, ist Wickie bis heute populär bei Jungen wie bei Mädchen, die ihn seiner langen Haare und des Röckchens wegen oft für eine der ihren hielten. Die munteren Dialoge aus der Feder von Eberhard Storeck, der auch den Wikinger Snorre quäkte und zudem die Biene Willi (➡ Biene Maja), machen wett, dass die Serie aus heutiger Sicht ziemlich statisch animiert ist. Ausnahme sind die Momente, wenn Wickie nach fruchtbarem Nasenreiben eine Idee zufliegt und ein Sternenregen einsetzt: Dann sieht es geradezu psychodelisch aus.

Robbie Williams

Geboren (als Robert Peter Williams): 13. Februar 1974
Populär seit: 1993
Bei: Mädchen, 12–19 Jahre (Take-That-Zeit),
Frauen und Männern, 25–55 Jahre (danach)
Besonderes Kennzeichen: Diverse Tattoos, u.a. die Noten von »All you Need is Love« überm Steiß
Typisches Zitat: »Es kostet so viel Kraft, sich einzureden, dass man der Größte ist.«

Robbie Williams inszeniert sich als Star, der nichts zu verbergen hat. In seinen Liedern singt er von seiner Seelenpein, in Interviews lässt er tief in sein Inneres blicken und stellt sich ungeschützt zur Schau. Die Kollegin vom *Stern*, die Robbie im November 2010 zum Interview traf, war aber doch etwas überrascht über diese Zurschaustellung, weshalb ihre erste Frage an Robbie lautete: »Warum sind Sie nackt?« Eine Erklärung war gar nicht nötig. Als gewiefter Aufmerksamkeitsökonom hatte Williams seinen alten Mitstreitern, die über die Wiedervereinigung von Take That plaudern wollten, mal wieder die Show gestohlen. Williams stammt aus einem Arbeiterviertel im englischen Stoke-on-Trent, ein rauhes und damit gutes Pflaster für böse Buben des Musikbusiness: Auch Guns'n'Roses-Gitarrist Slash und Motörhead-Boss Lemmy Kilmister zertrümmerten hier ihre Spielsachen. Robbies Weg scheint in den Professionen seiner Eltern vorgezeichnet: Sein Vater war Stand-up-Comedian, seine

Mutter betrieb einen Pub (und arbeitete später, was wiederum passt, als Suchtberaterin) – das perfekte Fundament für eine Karriere zwischen Entertainment und Exzessen. Los aber ging es kreuzbrav: Robbie bewarb sich auf eine Anzeige (➡ Spice Girls) um die Aufnahme in die Boygroup Take That. Die Neunziger waren ja das Jahrzehnt dieser Jungsgruppen: je drei bis fünf niedliche, pickellose Milchbubis, die synchron singen, vor allem aber synchron tanzen konnten, säuberlich zusammengecastet nach Haarfarbe, Augenfarbe, Stimmfarbe und streng überwacht von Managern, die alle imageschädigenden Fehltritte – Drogen, feste Freundinnen, feste Freunde – unterm Deckel hielten. Fünf Jahre hielt es der Bandclown Robbie im Korsett aus, dann suchte er das Weite und löste eine Massentrauer bei weiblichen Teenagern aus, die man in Deutschland mit einem eigens eingerichteten Sorgentelefon zu bewältigen versuchte. Robbies Solokarriere führte ihn über den, wie er selbst sagt, »schmalen Grat zwischen herzzerreißend und lächerlich«. Williams kennt ausverkaufte Stadien und Entzugskliniken, die Sucht nach Ruhm und das Singen als Selbsttherapie, die Euphorie in Europa und die Ignoranz der Amerikaner. Er ist ein Mann der Extreme und einer der größten Mainstream-Stars. Man kann sich wiedererkennen in seinen Selbstzweifeln, seinen Gewichtsschwankungen, seiner Sprunghaftigkeit. Als er feststellte, dass die alten Kollegen und vermeintlichen Langweiler ohne ihn wieder Erfolg und offenbar auch Spaß hatten, kehrte er 2010 zu Take That zurück, sang das Hohelied gereifter, selbstbestimmter Männerfreundschaft – und stieg dann gleich wieder aus. Seit August 2010 ist er sogar verheiratet. Künftig also wohl keine Interviews wie dieses hier: »60 bis 70 Prozent der Robbie-Sex-Geschichten, die Sie lesen, sind falsch.« – »Ärgert Sie das?« – »Ja, weil ich wünschte, tatsächlich mit all den Mädchen geschlafen zu haben.«

Winnetou

Geboren: 1840
Populär seit: 1893
Bei: Kindern und Erwachsenen (6–96 Jahre)
Besonderes Kennzeichen: »Herrliches blauschimmerndes Haar« (Karl May)
Typisches Zitat: »Mein Bruder!«

Stellen wir uns einmal vor, die Verfasserin der erfolgreichsten Jugendbuchreihe der jüngeren Zeit hätte behauptet, ihrem Helden, dem jungen Zauberlehrling (➡ Harry Potter) persönlich begegnet zu sein, oder gar, dass eine der Figuren in ihren Büchern, zum Beispiel Hermine, niemand anderes als sie selbst sei: Man hätte Joanne K. Rowling gewiss einen weißen Kittel angeboten. Dem Autor der populärsten deutschen Jugendbücher um 1900 aber knöpften es seine Leser lange Zeit ab, dass er selbst hinter seinen Figuren wie Old Shatterhand und Kara Ben Nemsi stecke und also seine eigenen Erlebnisse schildere. Dabei war Karl May, 1842 geboren und damit zwei Jahre jünger als seine berühmteste Schöpfung Winnetou, bis dato kaum einmal aus seiner sächsischen Heimat herausgekommen und hatte seine Reise- und Abenteuerbücher mit Hilfe von Bibliotheken und seiner blühenden Phantasie verfasst. Am Ende seiner Laufbahn, als er schon der meistgelesene Schriftsteller im Lande war, sah er sich dann in Prozesse verwickelt, in denen seine Gegner ihn als Betrüger brandmarkten und dabei auch ans Licht brachten, dass der junge May als Kleinkrimineller insgesamt sieben Jahre im Zuchthaus gesessen hatte. Doch wer hätte es ihm verdenken können, dass er, eines von vielen Kindern einer armen Weberfamilie, sich in seinen

Werken in bessere Welten hineinträumte, in den Orient oder in die Weiten des Westens, wo romantische, naturverbundene Helden finstere, nach Land, Gold und Öl gierende Eindringlinge abwehrten? Die deutsche Jugend jedenfalls hielt May die Treue, folgte ihm massenhaft in seine Märchenlandschaften und verliebte sich in den edlen Häuptling Winnetou, der erstmals in einer Erzählung von 1875 aufgetaucht war und später mit einer Romantrilogie gewürdigt wurde. Am verliebtesten in seinen Indianer aber zeigte sich der Dichter selbst – in die Züge seines »ernsten, männlich schönen Angesichts«, in Winnetous »Reinheit der Seele, Aufrichtigkeit des Herzens, Unwandelbarkeit des Charakters und stete Wahrheit des Gefühls«, aber auch in die »halbvollen, ich möchte sagen küßlichen Lippen«, die er in »Winnetou I« besingt. In den innigst geschilderten Männerfreundschaften – zwischen Frau und Mann gibt es bei May allenfalls tragische Romanzen wie jene zwischen Nscho-Tschi und Old Shatterhand – entdeckte Arno Schmidt homoerotische Wunschbilder (➡ Ernie und Bert) und Jahre später »Bully« Herbig (➡ Wickie) die Inspiration für den warmen Blutsbruder Winnetouch in »Der Schuh des Manitu«. Herbigs Persiflage konnte nur deshalb ein so enormer Erfolg werden, weil die Deutschen ihren May noch im Herzen und im Hirn hatten – die Bücher, vor allem aber die Kinofilme aus den Sechzigern, die der findige Horst Wendlandt im Akkord produziert hatte. Wieder hatte sich damals so ziemlich jedes deutsche Mädchen (und gewiss auch mancher Junge) in den treuen Winnetou verliebt, der mit den grünblauen Augen von Pierre Brice so verklärt in die Ferne gucken

konnte. Es störte niemanden, dass der Apachenhäuptling in elf Karl-May-Filmen ein Franzose war, sein deutscher Kumpel Old Shatterhand ein Amerikaner (Lex Barker) und die Prärie die rauhe Landschaft des heutigen Kroatiens. Die Reihe wurde zum Renner, die Filmmusik Martin Böttchers zum Evergreen und Pierre Brice zum Idol, der es auf unerreichte drei *Bravo*-Starschnitte brachte und auf zwölf »Otto«-Statuen desselben Blattes (die Einzige, die ebenfalls zwölf bekam, war seltsamerweise Inge Meysel). Und als Wendlandt so leichtsinnig war, den Poster-Boy in »Winnetou III« wie in der Buchvorlage am Ende sterben zu lassen, traf ihn der Volkszorn so heftig, dass er flugs einen weiteren Film nachschob, in dem Winnetou wieder quicklebendig war. Die Schauspieler Mario Adorf, im Kino der Mörder von Nscho-Tschi, und Rik Battaglia, der Winnetou meuchelte, brauchten Jahre, um sich von ihrem Schurkenimage zu befreien; da half selbst der Versuch nichts, Battaglia dadurch zu resozialisieren, dass er in »Winnetou und sein Freund Old Firehand« einen Guten spielen durfte. Die Winnetou-Welle im Kino verebbte Ende der Sechziger, als die rebellische Jugend mit den naiven Heldenstorys nichts mehr anfangen konnte. Sie könnte bald aber wieder anheben: Die Constantin-Film hat für 2012 den Dreh eines neuen Winnetou-Films in Amerika angekündigt – womit der deutscheste aller Indianer endlich im Land seiner Ahnen ankommt. Hoffen wir für ihn, dass er dort keinen Kulturschock erleidet.

Unser gesamtes lieferbares Programm und
viele andere Informationen finden Sie unter
www.sanssouci-verlag.de

1 2 3 4 5 16 15 14 13 12

ISBN 978-3-8363-0328-6

Einbandgestaltung: Hauptmann & Kompanie Werbeagentur, Zürich,
unter Verwendung von Motiven von Ole Könnecke
Satz im Verlag
Druck und Bindung: Kösel, Krugzell
Printed in Germany

FSC
www.fsc.org
MIX
Papier aus verantwortungsvollen Quellen
FSC® C013736